Ludwig Kaufmann / Nikolaus Klein
Johannes XXIII.

Ludwig Kaufmann / Nikolaus Klein

Johannes XXIII.

Prophetie im Vermächtnis

EDITION EXODUS
Fribourg / Brig 1990

Redaktion: Odilo Noti

Umschlag: Bernard Schlup (Gestaltung)/Widerdruck, Bern (Satz)
Satz und Druck: Clausen & Bosse, Leck
ISBN 3-905575-41-8

Inhalt

Anhang

Einführung

Ein Vierteljahrhundert nach Abschluss seiner vierten und letzten Sitzungsperiode (8. 12. 1965) ist der Kampf um die Aneignung des Zweiten Vatikanischen Konzils noch nicht entschieden. Sein Ausgang hängt wesentlich davon ab, ob wir uns die Absichten vergegenwärtigen, die Papst Johannes XXIII. von Einberufung und Eröffnung dieses Konzils an bis zu seinem Tod am 3. Juni 1963 verfolgte. In seinem langen Leben und in der von ihm verwirklichten Einheit von Person und Amt ist die vierhundertjährige Geschichte der katholischen Kirche seit dem Konzil von Trient zugleich verdichtet und überwunden worden. Dabei hat er das Recht auf Prophetie in der Kirche wiederhergestellt und ihr dadurch die Unruhe zu ständiger Erneuerung eingepflanzt.

Da Papst Johannes die privaten Aufzeichnungen, die er während seines ganzen Lebens gemacht hat, seinem Sekretär Loris Capovilla als Nachlassverwalter übergeben hat, ist die Quellenlage für zeitgeschichtliche Forschung günstiger als bei seinen Vorgängern. Das *Istituto per le Scienze religiose* (Bologna) hat, angeregt durch einen Vortrag Kardinal Lercaros vom Jahr 1964, im letzten Jahrzehnt zur Erschliessung dieser Quellen sowohl im Bereich der Edition wie in der Erforschung der zeitgeschichtlichen Kontexte Massstäbe gesetzt.[1] Historische Forschung und kritische

[1] G. Lercaro, Linee per una ricerca storica su Giovanni XXIII, in: Per la forza dello Spirito. Discorsi conciliari del card. Giacomo Lercaro. Edizioni Dehoniane, Bologna 1984, S. 287–310. Die wichtigsten editorischen Leistungen können hier

Annäherung an Person und Amtsführung machen uns heute deutlicher, wo Papst Johannes sich auf geschichtliche Umbrüche eingelassen und kirchliche Aufbrüche ermöglicht hat.

Es ist die Stärke von Zeitgeschichte, auf das noch unmittelbar Gegenwärtige aufmerksam zu machen; aber es ist gleichzeitig auch ihre Schwäche, weil sie nicht den Anschein erwecken kann, sie stehe über den noch anhaltenden Kämpfen. In dieser ihrer unvermeidlichen Parteilichkeit muss sie schwach und verletzlich bleiben.

Seit der Epochenschwelle der Französischen Revolution kann ja von Geschichte nicht mehr in einem direkten Sinn als Lehrmeisterin des Lebens gesprochen werden.[2] Im raschen Wandel der Gesellschaften sind auch die Massstäbe nicht minder rasch verbraucht. Trotzdem sind historisches Bewusstsein und Geschichtskenntnis dringender als je zuvor geworden. Der Grund liegt darin, dass sich der Mensch heute wie noch nie zuvor als verantwortlich für seine Geschichte erfährt. Darin, für die Tragweite unserer Verantwortung nämlich, bleibt die Geschichte Lehrmeisterin.

Der erste Anlass zu den Arbeiten für dieses Buch war ein Vor-

nur aufgezählt werden: eine kritische Edition des Geistlichen Tagebuches von A. Melloni; die historisch-kritische Rekonstruktion der Eröffnungsrede «Gaudet Mater Ecclesia» des Zweiten Vatikanischen Konzils (11. Oktober 1962) durch G. Alberigo und A. Melloni; die Edition der Predigten und Ansprachen des Apostolischen Delegaten Roncalli in Sofia (1925–1934) durch F. Della Salda; die Erschliessung des Nachlasses von Adelaida Coari als einer kirchengeschichtlich bedeutsamen Quelle durch S. Zampa. Dazu sind noch zwei wissenschaftliche Tagungen über A. Roncalli/Johannes XXIII. von 1986 und 1988 durch Publikationen zugänglich geworden: G. Alberigo (Hrsg.), Papa Giovanni, Laterza, Bari 1987; Heft 2 des achten Jahrgangs der Zeitschrift «Cristianesimo nella storia» (1987); das Doppelheft 59/60 der Zeitschrift «Servitium» (1988).

[2] R. Koselleck, Historia Magistra Vitae. Über die Auflösung des Topos im Horizont neuzeitlich bewegter Geschichte, in: ders., Vergangene Zukunft. Zur Semantik geschichtlicher Zeiten, Frankfurt 1979, S. 38–66; ders., Begriffsgeschichtliche Anmerkungen zur «Zeitgeschichte», in: V. Conzemius, u.a. (Hrsg.), Die Zeit nach 1945 als Thema kirchlicher Zeitgeschichte. Referate der internationalen Tagung in Hünigen/Bern (Schweiz). Andreas Lindt zum Gedenken, Göttingen 1988, S. 17–31.

trag zum 25. Todestag von Papst Johannes an der Theologischen Fakultät der Universität Freiburg/Schweiz. Es lag nahe, vom Sterben dieses Papstes, näherhin von einem am Ende seines Lebens gesprochenen Vermächtnis, auszugehen und zurückzublenden.

Die paar Sätze, denen wir in diesem Buch die Bezeichnung «Vermächtnis» geben, führten uns zu einer überraschenden, dreifachen Konfrontation:

- mit dem Glauben von Papst Johannes;
- mit Phasen seines Lebens und Epochen der Geschichte;
- mit entscheidenden prophetischen Handlungen und Selbstdeutungen seines Pontifikats.

Zu letzterem gehört in erster Linie der Text der Ansprache zur Eröffnung des Konzils und die inzwischen für den Historiker erkennbaren Vorstufen.

Der Text der Eröffnungsansprache, deren Bedeutung unseres Erachtens kaum überschätzt werden kann, die aber in keiner deutschsprachigen Ausgabe der Konzilsbeschlüsse zugänglich ist, wird hier erstmals in einer Übersetzung aus dem Italienischen bei gleichzeitiger Konfrontation mit der lateinischen Fassung vorgelegt. Obwohl wir dabei von den Studien der Bologneser Forschungsequipe profitieren konnten, sind wir uns bewusst, dass diese Übersetzung nicht mehr als ein Versuch ist. Vor allem aber hat uns die Beschäftigung mit diesem Text auf so viele Fragen zum Ablauf und zur theologischen Einschätzung des Konzils gebracht, dass wir sie in diesem Rahmen gar nicht benennen können. Wir hoffen aber, dass überall dort, wo der Wille zu einer kreativen Weiterführung des Konzils noch nicht erloschen ist, die Eröffnungsrede neu als Urimpuls und weiterhin gültige Weisung entdeckt und aufgenommen wird.

Unsere Absicht ist es somit, einen Anstoss zum Studium und zum persönlichen Erfassen der inneren Dynamik dieses Lebens und der weiterwirkenden Prophetie des Vermächtnisses von Papst Johannes als Eröffner und erstem Deuter des Konzils, seiner Zielsetzung und seiner geschichtlichen Relevanz zu geben. Als Beispiel einer solchen Suche haben wir noch eine kleine Studie in das Buch aufgenommen, in welcher (mit einer jetzt möglichen neuen Lektüre des sogenannten Geistlichen Tagebuchs unter Beiziehung einiger Briefe) untersucht wird, welche Rolle der «Geist der Einfachheit» beim Älter- und Reifwerden des späteren Papstes gespielt hat und welche Grundeinsichten des Studenten und jungen Theologen zu Beginn unseres Jahrhunderts die Kontinuität und dynamische Einheit dieser Persönlichkeit und ihres Wirkens begründet haben.[3] Zu ähnlichem Suchen und Forschen können wir aus der eigenen Erfahrung nur ermuntern. Zum Beispiel stiessen wir bei der Arbeit auf zwei Frauen, die uns – die eine als Interpretin, die andere als Zeitgenossin – ganz neue Einsichten vermittelt haben.

Die Arbeit haben wir weitgehend gemeinsam gemacht. Trotzdem zeichnet für die beiden ersten Kapitel – «Die Zeit ist gekommen...» und «Dieser Geist der Einfachheit» – sowie den Anhang der ältere von uns (Ludwig Kaufmann) als Autor, während für die Präsentation und Übersetzung der Eröffnungsansprache der jüngere (Nikolaus Klein) verantwortlich ist. Mit den ausführlichen Quellen- und Literaturverweisen möchten wir zeigen, ein wie weites Feld der allgemeinen und kirchlichen Zeitgeschichte sich auftut, sobald man an irgend einem Punkt ansetzt, um in Text und Kontext diesem Angelo Roncalli/JohannesXXIII. näherzukommen.

Ludwig Kaufmann
Nikolaus Klein

[3] L. Kaufmann, Johannes XXIII.: «Dieser Geist der Einfachheit...», in: Orientierung 52 (1988), S. 110–114.

Chronologie

Angelo Roncalli / Johannes XXIII.

1881, 25. November	Geburt in Sotto il Monte (Bergamo)
1892, November	Aufnahme in die 3. Gymnasialklasse des Seminars in Bergamo
1893–1900	Alumnus im Grossen Seminar (4. Gymnasialklasse bis 2. Jahr Theologie)
ab 1895	Persönliche Aufzeichnungen, die ins *Giornale dell' anima* eingingen
1901–1905	Theologiestudium am Römischen Seminar
1901, ab 30. November	Einjähriger Militärdienst in Bergamo
1902, Ende November	Rückkehr nach Rom. Begegnung mit Pater Pitocchi (16. Dezember)
1903, 16. Januar	*Aufzeichnung über das «falsche System» der Nachahmung von Heiligen*
1903, Juli / August	Pontifikatswechsel Leo XIII. / PiusX.
1904, 28. Juli	Auflösung der Sozialbewegung *Opera dei Congressi* durch Kardinal-Staatssekretär Merry del Val (Ende der römischen Karriere von G. M. Radini Tedeschi)
1904, 10. August	Priesterweihe in Rom
1905, 29. Februar	Bischofsweihe von Radini Tedeschi in Rom
1905–1914	Sekretär des Bischofs von Bergamo, Radini Tedeschi
1905, Dezember	Beginn der Visitationsreisen mit dem Bischof
1906, November	Beginn der Lehrtätigkeit am Seminar auf dem Lehrstuhl für Kirchengeschichte
1907, Juli / September	Höhepunkt der Modernismuskrise (Dekret *Lamentabili*: 3. Juli; Enzyklika *Pascendi*: 8. September)

1907, 4. Dezember	*Baronius-Rede* (Festvortrag mit «Wort zur Zeit»)
1909, Januar	Redaktor der neugegründeten Diözesanzeitung
1910, Januar	Erster Diözesanassistent des Katholischen Frauenbundes
1910, April	Diözesansynode in Bergamo (Sekretär: Don Angelo)
1914, 1. August	Ausbruch des Ersten Weltkriegs
20. August	Tod Pius' X. (3. November: Wahl Benedikts XV.)
22. August	Tod des Bischofs Radini Tedeschi
1915–1918	Militärdienst. Diverse Begegnungen mit Kardinal Ferrari von Mailand. Gründung eines «Hauses für den Soldaten» und einer Vereinigung von Müttern und Witwen der Gefallenen
1919/20	Gründer und erster Leiter eines «Hauses für den Studenten», Promotor von Zirkeln der Frauenjugend, Spiritual am Priesterseminar
1921–1924	Reorganisator und Nationalpräsident des Päpstlichen Werkes der Glaubensverbreitung
1922, Januar/Februar	Pontifikatswechsel Benedikt XV./Pius XI.
1925–1934	Päpstlicher Visitator, dann Delegat in Bulgarien
1925, 17. Februar	Kardinal-Staatssekretär Gasparri kündigt ihm Auftrag für Bulgarien und anschliessende (nie erfolgte) Mission in Argentinien an
1925, 19. März	Bischofsweihe in Rom
1925, 25. April	Ankunft in Sofia. Beginn der Visitation der Lateiner und Unierten. Kontakte mit Orthodoxen
1930, 26. November	*Brief an die Eltern* («am ersten Tag meines 50. Lebensjahres»)
1935–1944	Apostolischer Delegat in der Türkei und in Griechenland
1939, Februar/März	Pontifikatswechsel Pius XI./Pius XII.
1. September	Ausbruch des Zweiten Weltkriegs
1945–1952	Nuntius in Paris
1947	Kardinal Suhard: «Aufstieg und Niedergang der Kirche»
1949/50	Massnahmen gegen die *Nouvelle Théologie* – Enzyklika *Humani generis* (12. August 1950)

1953–1958	Patriarch von Venedig
1953, 12./15. Januar	Zum Kardinal kreiert (Birett durch Präsident Vincent Auriol), Venezianische Diözesansynode
1958–1963	Papst Johannes XXIII.
1958, 28. Oktober	Wahl: «Ich werde mich Giovanni nennen»
1959, 25. Januar	Ankündigung eines Ökumenischen Konzils
1959, 17. Mai	«Neues Pfingsten»: Einsetzung der *Antipraeparatoria* (vor-vorbereitende Kommission zur Einholung von Anregungen aus der ganzen Weltkirche)
1960, 24. Januar	Eröffnung der römischen Diözesansynode: «Die erste römische Synode nach Trient»
1961, 15. Mai	Enzyklika *Mater et Magistra*
1961, 25. Dezember	Formelle Einberufung des Vatikanum II; *Humanae salutis* – «Zeichen der Zeit»
1962, 12. Mai	«Mut und Freiheit fürs Konzil», Abschluss der VI. Sitzung der vorbereitenden Zentralkommission
1962, 11. September	«Konzil nach zwei Weltkriegen» (Radiobotschaft: Die Kirche und die «Völker» – Kirche «nach innen»/«nach aussen» – «Kirche der Armen»
1962, 11. Oktober	*Gaudet Mater Ecclesia:* Die Eröffnungsrede zum Zweiten Vatikanischen Konzil: Der glückliche Zeitpunkt – Die grosse Zielsetzung – Der pastorale Charakter des Lehramts – Das «Heilmittel der Barmherzigkeit»
1962, 23. Dezember	«Der springende Punkt»: Bekräftigung des Konzilsprogramms vor dem Kardinalskollegium
1963, 7. März	Empfang des Balzan-Preises
1963, 11. April	Enzyklika *Pacem in Terris*
1963, 24. Mai	*Die Zeit ist gekommen...*: Mündliches, von Loris Capovilla aufgezeichnetes Vermächtnis («Akt des Glaubens»)
1963, 3. Juni	Agonie und Tod, begleitet von Gebet und Trauer der Menschen in aller Welt

Abkürzungen

AP Acta et documenta Concilio Oecumenico Vaticano II apparando Series II (Praeparatoria), Città del Vaticano 1960–1969.

AS Acta synodalia Sacrosancti Concilii Oecumenici Vaticani II, Città del Vaticano 1970–1980.

DMC Discorsi, Messaggi, Colloqui del Santo Padre Giovanni XXIII, Rom 1960–1964.

Geistliches Tagebuch: Zitiert wird nach: Angelo Giuseppe Roncalli/Giovanni XXIII, Il Giornale dell'Anima. Diari e scritti spirituali. Hrsg. von A. Melloni, Bologna 1987 (pro manuscripto).

Erstes Kapitel

Johannes XXIII.: «Die Zeit ist gekommen...»

Nach Papst Johannes XXIII. zu fragen und auf sein prophetisches Vermächtnis zu hören, dies bedeutet für die «Nachgeborenen» nicht das gleiche wie für jene, die noch eine Erinnerung an ihn haben. Bei der jüngeren Generation, für die dieser Papst und sein Konzil bereits Geschichte sind, möchte ich vor allem Neugier und Lust zur eigenen Entdeckungsreise wecken: Es lohnt sich, dessen bin ich überzeugt, in seinem Nachlass, in seinem Leben und Wirken zu stöbern, sich von ihm ansprechen zu lassen und zu fragen, was er uns heute und was er uns für morgen zu sagen hat. Warum sollte es nicht auch im deutschen Sprachraum «Giovanni-Forscher» und «Giovanni-Forscherinnen» geben? Je unvoreingenommener sie an die Sache gehen, desto besser! Für die ältere Generation ist das schwieriger. Wir waren Zeitgenossen dieses kurzen, fünfjährigen Pontifikats von 1958–1963. Für uns sind bestimmte Erinnerungen damit verknüpft, aller Wahrscheinlichkeit nach unterschiedliche Erinnerungen. Und nicht nur das, auch Hoffnungen, vielleicht inzwischen enttäuschte Hoffnungen.

Es gibt somit ein Problem für den Einstieg, die Schwierigkeit der Annäherung. Ich könnte jetzt beginnen: «Meine erste Begegnung mit Papst Johannes». Dann müsste ich erzählen von meinem Platz bei der feierlichen Eröffnung des Zweiten Vatikanischen Konzils im Petersdom, dass da ein dicker Pfeiler, näherhin der breite Sockel einer der vier gewundenen Säulen der sogenannten *Confessio*, zwischen dem Papst und mir stand. Die Sicht auf ihn war mir verstellt. Mir scheint, uns allen sei heute durch das Vierteljahrhundert, das uns von ihm trennt, die Sicht ebenfalls verstellt.

Diese Zeitspanne ist in kirchlichen Kreisen häufig als die des «Nachkonzils» bezeichnet worden.[1] Wer sie mit durchlaufen hat, sieht es als selbstverständlich an, zu wissen, was das war, die Geschichte des Nachkonzils. Solch vermeintliches Wissen polarisiert: Die Trennung liegt dann nicht mehr im Alter, sondern in der Ideologie. Die einen sagen empört: Jetzt marschiert die Reaktion. Das Konzil ist aufgegeben, verdrängt, verraten worden. Die andern reagieren beschwichtigend und/oder rechtfertigend: Es ist übertrieben worden, die Gläubigen sind verunsichert worden; jetzt gilt es mit dem Experimentieren aufzuhören und bei dem zu bleiben, was das Konzil beschlossen hat. So formuliert, lässt sich beiden Positionen nachsagen, sie unterlägen einer Täuschung. Es ist im Grunde die gleiche Täuschung, ob man vom bereits geglückten und festgeschriebenen oder vom verratenen Konzil redet, insofern nämlich als man nur das Schema einer «Vorlage» (die «Konzilsbeschlüsse») und ihrer «Anwendung» im Kopf hat. Das führt zu einer vornehmlich juristisch-disziplinarischen Sicht, bei der beide Seiten auf Sätze des Konzils pochen und es so gesetzlich und als etwas Gesetztes betrachten. Im Grunde verrät man damit aber vor allem die Zukunft und täuscht sich über das, was zu tun wäre. Das Konzil wird erst durch seine Nachgeschichte zu dem, was es sein sollte und sein könnte, so wie es nicht ohne seine Vorgeschichte zu dem wurde, was es war. Mit anderen Worten: nur eine geschichtliche Sicht wird ihm gerecht und hilft uns heute weiter.

[1] Vgl. u. a. H. J. Pottmeyer, G. Alberigo, J.-P. Jossua (Hrsg.), Die Rezeption des Zweiten Vatikanischen Konzils, Düsseldorf 1986 (vor allem der Beitrag: D. Menozzi, Das Antikonzil [1966–1984], S. 403–431); P. Ladrière, R. Luneau (Hrsg.), Le retour des certitudes. Evénements et orthodoxie depuis Vatican II, Le Centurion, Paris 1987 (darin die Beiträge von J.-P. Jossua, La condition des théologiens depuis Vatican II, vue par l'un d'entre eux, S. 235–257; P. Ladrière, Note sur le Synode extraordinaire – Rome 1985, S. 300–308).

Im Strom der Geschichte ist das Zweite Vatikanische Konzil von seiner Ankündigung am 25. Januar 1959 an ebenso wie das kurz zuvor begonnene Pontifikat Johannes' XXIII. ein Geschehen, ein Prozess. Die Frage ist darum, wie er weitergeht, ob er schöpferisch aufgenommen und weitergeführt wird, ob wir ihn noch des geistigen Kampfes wert erachten, ob er noch Zukunft hat. Die Geschichte wird ja schliesslich von Erwartungen vorangetrieben.

Vor einiger Zeit packte mich in der Bundesrepublik Deutschland ein Pfarrer an der Schulter: «Wenn Sie wüssten», sagte er, «damals, als Johannes XXIII. starb, als das Konzil war, damals habe ich mein Theologiestudium begonnen. Wenn Sie wüssten, was für eine Hoffnung uns damals beseelt hat!»

Tatsächlich gilt es zu sehen, welche Erwartungen mit der Ankündigung, mit der Einberufung und mit der Eröffnung des Konzils durch Johannes XXIII. geweckt wurden und was da an Verheissung und Auftrag an mehr als eine Generation erging. Demgemäss gilt es dann auch zu fragen, was von alledem durch das Konzil selber sowie das Nachkonzil eingelöst oder eben nicht eingelöst wurde. Manche werden sagen: Je länger desto weniger wird es eingelöst. Ich möchte sagen: Es ist noch nicht, noch lange nicht eingelöst, aber unsere Hoffnung darauf darf nicht sterben. Deshalb gilt es, *Memoria* zu halten: indem wir uns Papst Johannes nähern und so auf die Quelle dieser Hoffnung stossen; dass wir uns vom geschichtlichen Impuls erfassen lassen, um zu erspüren, wie er uns auch heute noch bewegen kann. Denn die latente Frage lautet doch, ob er uns etwas vermacht hat, was durch die augenblickliche Durststrecke oder, wie andere sagen, durch die «Eiszeit» hindurch und darüber hinaus führt.

Zu dieser Annäherung möchte ich mich zweier Krücken bedienen, zweier Menschen, die mir deuten helfen, ein Mann und eine Frau. Der erste, der sich Papst Johannes nahe fühlte, die zweite, die ihm zunächst ganz fremd war.

Die erste Krücke trägt den Namen von Giacomo Lercaro (1891–1976), seinerzeit Kardinal-Erzbischof von Bologna. Er hatte den grossen, weltweiten Konsens[2] vor Augen, der das Sterben von Papst Johannes an Pfingsten 1963 begleitete. Menschen jeden Alters, jeder Bildungs- und Gesellschaftsschicht, jeder Hautfarbe und jeder Konfession trauerten. «Unser Giovanni ist gestorben!» sagten sie. Aber anderthalb Jahre später, nach dem Ende der dritten Konzilssession, sahen die Dinge für Lercaro schon wieder anders aus. In einem Vortrag am 23. Februar 1965[3] sagte er: «Das Bild droht auseinanderzufallen.» Da gebe es die einen, für die sei Papst Johannes einfach *il Santo*, der Heilige. Damit war er für sie schon einmal allem entrückt, was wir Geschichte und Politik nennen. Soweit er damit doch etwas zu tun hatte, etwa mit der Einberufung des Konzils, liess es sich dem Heiligen nachsehen: «Ein frommer Einfall, dessen Folgen er nicht absehen konnte.»

[2] Vgl. u. a. G. Maron, Zum Tode Johannes XXIII., in: Materialdienst des Konfessionskundlichen Instituts 14 (1963), S. 47–50; jetzt auch in: ders., Zum Gespräch mit Rom. Beiträge aus evangelischer Sicht (Bensheimer Hefte 69), Göttingen 1988, S. 236–248.

[3] Auf Einladung des Istituto L. Sturzo (Rom) am 23. Februar 1965 vorgetragen, wurde der gesprochene Text zuerst «pro manuscripto» unter dem Titel «Indirizzi metodologici per una ricerca sull' opera di papa Giovanni XXIII» veröffentlicht. Eine zweite Veröffentlichung besorgte G. De Rosa mit dem Titel «Linee per una ricerca storica su Giovanni XXIII» (Edizioni di Storia e Letteratura, Rom 1965). Auf dieser Ausgabe gründet die deutsche Übersetzung: G. Kardinal Lercaro, Johannes XXIII. Entwurf eines neuen Bildes, Freiburg u. a. 1967. Für jede genauere Analyse ist die kritisch revidierte, die Vorlage Lercaros auswertende Ausgabe durch das Istituto per le Scienze Religiose (Bologna) zu verwenden (in: Per la forza dello Spirito. Discorsi conciliari del card. Giacomo Lercaro, Edizioni Dehoniane, Bologna 1984, S. 287–310).

Umgekehrt gebe es, so Lercaro, andere, nicht zuletzt Politiker seien unter ihnen, die sähen nun eben auf diese Folgen. Da war in Italien die *apertura a sinistra*, die Öffnung nach links, die sich durch Papst Johannes bestätigt fühlte, die Zusammenarbeit der Christdemokraten mit den Sozialisten. Und da war die Ostpolitik gegenüber den Warschaupakt-Staaten im Zuge der allgemeinen Entspannung und Koexistenz nach der Kubakrise. Einige Beobachter, etwa der amerikanische Publizist Walter Lippman, sahen den Papst tatsächlich auf dieser Welle reiten. Das Leitwort *aggiornamento* bedeutete in diesem Kontext nichts anderes als «Anpassung an den Zeitgeist» – eine, wie wir sehen werden, sehr oberflächliche Einschätzung.

Das Auseinanderfallen in die zwei Bildhälften, die geschichtslose Ikone und den zeitgebundenen Anpasser, sah Lercaro als mitursächlich an, dass das Konzil auf einen toten Punkt zusteuere. Der tote Punkt war m. E. dort in Sicht, wo man die zu Beginn des Konzils zur Ordnung der Traktanden hilfreiche Einteilung «Kirche nach aussen» *(ad extra)* und «Kirche nach innen» *(ad intra)* festschreiben oder verabsolutieren würde. Er konnte nur vermieden werden, wenn Glaube und Geschichte, Glaube und Gerechtigkeit, Glaube und Einsatz für den Frieden zusammenkamen. Auf die Gestalt von Johannes bezogen hiess das: Die trennende Unterscheidung zwischen dem «Heiligen» und dem «Regierenden», zwischen Person und Amt musste überwunden werden. Deshalb Lercaros Appell an die Forschung:

- Studiert die religiöse Gestalt noch mehr in ihren geschichtlichen Implikationen!
- Die geschichtliche Ausstrahlung aber und die politische Wirkung untersucht noch mehr auf ihre geistig-geistlichen Quellen!

Konkret riet Lercaro dazu, wir sollten unser Augenmerk auf die Bildung und Kultur richten, wie Angelo Roncalli sie sich angeeignet hatte und wie er sie verkörperte: eine eigenständige, direkt aus den Quellen schöpfende Bildung und Kultur. Als Material für solches Studium gab Lercaro an: in erster Linie die Eröffnungsansprache zum Konzil (11. 10. 1962), ferner die Weisung für die Arbeit in der Intersession (5. 12. 1962) und ein Schreiben an alle Konzilsväter vom 6. 1. 1963.[4] Schliesslich verwies Lercaro auch auf das sogenannte Geistliche Tagebuch, *Il Giornale dell'anima*, das kurz zuvor erschienen war.

Dieser letzte Hinweis in der Weisung Lercaros bietet mir die Überleitung zu meiner zweiten Krücke für die Annäherung an Johannes XXIII. Ich meine damit eine kritische Besprechung eben jenes Tagebuchs. Verfasserin ist die Schriftstellerin und Politologin Hannah Arendt.[5] Sie ist mir Stütze, weil sie mir entgegenkommt, weil sie den Schock auffängt, den das Tagebuch für mich bedeutete. Als nämlich 1964 das Tagebuch erschien, war es eine Sensation, ein internationaler Verkaufserfolg, mit vielen Übersetzungen und zahlreichen Auflagen. Wie viele andere habe auch ich darin geblättert und es alsbald wieder zugeklappt. Die penetrante Luft einer klerikalen Frömmigkeit – weitgehend nichts anderes als Niederschriften von Exerzitienvorträgen und Exerzitienvorsätzen – nein, das war nicht mein Fall. Viel eher schien es mir ein Rückfall in gottlob, wie ich glaubte, durch das Konzil überwundene Zeiten zu sein. Das Buch ruhte seither in meinem Regal, bis zweierlei geschah: Erstens erhielt ich aus Bologna eine grosse, 1987 fertiggestellte kritische Ausgabe mit Anmerkungen, welche die Lektüre sehr viel interessanter machen.[6] Zweitens kam mir unter die

[4] Zu «Gaudet Mater Ecclesia» (11. Oktober 1962) vgl. die vorliegende Ausgabe in diesem Band; zu den Normen für die Arbeit der Konzilsväter in der Zeit zwischen der ersten und zweiten Sitzungsperiode des Konzils (5. Dezember 1962) vgl. den Text in: AS I/1, S. 96 ff.; der Brief an alle Bischöfe vom 6. Januar 1963 vgl. DMC V, S. 499–511 (italienisch in: A. und G. Alberigo, Giovanni XXIII. Profezia nella fedeltà, Queriniana, Brescia 1978, S. 375–384).

[5] H. Arendt, Angelo Giuseppe Roncalli – der christliche Papst, in: dies., Menschen in finsteren Zeiten, 1989, S. 75–89; eine nicht revidierte Fassung des Aufsatzes von H. Arendt findet sich als Nachwort in der Taschenausgabe des «Geistlichen Tagebuches» Johannes' XXIII. (Herder-TB 304/305, Freiburg u. a. 1968).

[6] Die «als Manuskript» gedruckte historisch-kritische Ausgabe: Angelo Giuseppe Roncalli/Giovanni XXIII, Il Giornale dell'Anima. Diari e scritti spirituali. Edizione critica ed annotazione a cura di Alberto Melloni, Bologna 1987. Für die

Augen, wie Hannah Arendt damals, beim ersten Erscheinen, in Amerika darauf reagiert hat. Da las ich: «Zum grossen Teil während geistlicher Exerzitien geschrieben, besteht es aus endlos wiederholten frommen Ergüssen und Selbstermahnungen, inneren ‹Gewissenserforschungen› und Aufzeichnungen über ‹innere Fortschritte›, mit nur ganz seltenen Hinweisen auf wirkliche Ereignisse, so dass es sich Seiten und Seiten lang liest wie ein elementarer Leitfaden über das Thema ‹wie man gut sein und das Böse vermeiden kann›.»

Allerdings war das nicht alles, was Hannah Arendt zu diesen persönlichen Aufzeichnungen Roncallis schrieb. Der erste Satz ihrer Besprechung lautete: «Welch ein merkwürdig enttäuschendes und merkwürdig faszinierendes Buch!» Was war daran faszinierend? Arendt erzählt von einem römischen Zimmermädchen, das damals, als der Papst starb, fragte: «Gnädige Frau, dieser Papst war wirklich ein Christ. Wie ist das möglich und wie konnte ein wirklicher Christ auf den Heiligen Stuhl zu sitzen kommen? Musste er denn nicht zuerst zum Bischof und zum Erzbischof und Kardinal ernannt werden, bevor er schliesslich zum Papst gewählt wurde? Hatte denn keiner eine Ahnung, wer er war?»

Die erste der beiden Fragen habe ich mir selber auch oft gestellt, aber sozusagen in umgekehrter Richtung, etwa so: Papst kann nur einer werden, zu seinen Lebzeiten tut es ihm keiner gleich; und doch sehe ich an diesem Papst, wie man heute Christ sein, wie man als Christ leben und sterben kann. – Die zweite Frage der Römerin

Arbeit am «Geistlichen Tagebuch» sind noch folgende Studien von A. Melloni heranzuziehen: L'unità del «Giornale dell'Anima» (Einleitung in die oben erwähnte kritische Ausgabe, S. V–LVI; auch als: Le problème de l'unité du «Journal de l'âme» de Jean XXIII, in: Revue d'histoire ecclésiastique 83 [1988], S. 617–634); Le fonti di A. G. Roncalli: «Il giornale dell'anima», in: Cristianesimo nella storia 4 (1983), S. 103–172; «Sermo durus, brevis, prudens et rectus»; études sur «Il Giornale dell'Anima» de A. G. Roncalli, Pape Jean XXIII, in: Histoire moderne et contemporaine informatique No. 7 (1985), S. 101–140; unter dem Titel «Geistliches Tagebuch» seit 1964 mehrere deutsche Ausgaben (Freiburg u. a.), zuletzt als Lizenzausgabe bei Carinthia, Klagenfurt 1983.

bezieht sich auf die Wahl durch die Kardinäle. Was man unter Kollegen und früheren Vorgesetzten wohl von Roncalli gehalten hat? Arendt meint:

«Viele hielten ihn vermutlich für eher dumm – schliesslich lebte er ja unter Intellektuellen –, nicht für einfach, sondern für einfältig.» Nebenbei gesagt, auch Bundeskanzler Adenauer wird ein solches Urteil in den Mund gelegt – «dieser Papst war dumm» –, und das sei sogar seine erste Reaktion auf die Todesnachricht gewesen. Peinlich für ihn, Adenauer, wie man das heute noch zu hören bekommt. Doch zurück zu Hannah Arendt und zu den Kirchenmännern, deren vermutliches Urteil vor dem Konklave sie im Auge hat. Sie stellt es dem gegenüber, was für sie am Ende die Frucht ihrer Lektüre des Tagebuchs ist: «Es ist unwahrscheinlich, dass diejenigen, die jahrzehntelang beobachtet hatten, wie er wirklich ‹nie irgendeine Versuchung zum Ungehorsam verspürt› hatte, den ungeheuren Stolz und die Selbstsicherheit dieses Mannes verstanden, der keinen Augenblick sein eigenes Urteil aufgab, wenn er dem gehorchte, was für ihn nicht der Wille seiner Vorgesetzten, sondern der Wille Gottes war. Sein Glaube war ‹Dein Wille geschehe›, und es ist wahr, obgleich er es selber sagt, dass dieser Glaube ‹ganz im Sinne der Evangelien› war ... Dieser selbe Glaube gab ihm sein grösstes Wort ein, als er im Sterben lag: ‹Jeder Tag ist ein guter Tag geboren zu werden, jeder Tag ist ein guter Tag zu sterben!›»

Der Glaube von Papst Johannes

Das eine kleine Sätzchen aus dem Zitat von Hannah Arendt möchte ich wiederholen: «Sein Glaube war: Dein Wille geschehe.» Ist das nur die Interpretation einer Jüdin? Ich könnte einen anderen Zeugen anrufen, seinen Neffen Battista Roncalli. Mit ihm, der Priester ist, habe ich in Sotto il Monte gesprochen. Er sagte von seinem Onkel: «Alle nennen ihn *il papa buono*, den

Papst der Güte. Für mich ist er der Papst des Glaubens.» Dann erzählte er mir, wie dieser Glaube wurzelte in der Erfahrung der Armut in seiner Familie, in der Erfahrung «wie sich alles fügt»: gläubige Wahrnehmung von Vorsehung, die vor allem in den vielen Briefen an die Seinen bezeugt ist. Dieser Spur folge ich an anderer Stelle (vgl. das zweite Kapitel).

Hier wende ich mich ohne Umschweife einer bedeutsamen mündlichen Äusserung am Schluss seines Lebens zu. Er hat sie selber seinen «Glaubensakt» genannt. «Den Akt des Glaubens zu erneuern», das war für einen italienischen Priester seinerzeit, wenn es zum Sterben kam, üblich, und tatsächlich tritt der Papst, im Gedanken an das nahe Sterben, bewusst ins Glied: «So ziemt es sich für uns Priester», sagt er, «denn zum Wohl der ganzen Welt haben wir es mit den höchsten Dingen zu tun.» Und so würde man nun erwarten, dass er aufzählt, was für ihn diese «höchsten Dinge» sind, dass er sozusagen hoch in den Himmel und tief in seine Seele hineingreift, um zu bekräftigen, was sein christlicher Glaube war, woraus er gelebt hat, wie ihn das Gottesgeheimnis angerührt hat und dass er immer dem Glauben seiner Väter oder dem Glauben der Kirche treu sein wollte. Ja, wer würde es einem alten Mann verwehren, zu wiederholen, was er als Kind im Katechismus gelernt hat: «Alles fest für wahr halten, was Gott geoffenbart hat und was die Kirche zu glauben vorstellt.» Doch nichts von alledem kommt. Der Papst sagt ganz einfach: «Deshalb müssen wir uns vom Willen Gottes leiten lassen.» Was er noch weiter sagt, hat nur noch mit dem Willen Gottes zu tun, wie er ihn am Ende seines Lebens sieht, wie er ihn als Angelo Roncalli und Papst Johannes XXIII. jetzt für die Kirche sieht.

Doch bevor wir seine Worte im Zusammenhang lesen, muss klar sein, wie sie uns überliefert und bezeugt sind und in welchem konkreten Kontext sie der Papst gesprochen hat. Es handelt sich, wie gesagt, nicht um einen vom Papst unterschriebenen Text und auch nicht um eine «Bandaufnahme». Vielmehr verdanken wir die sechs Sätze, um die es geht, den täglichen Aufzeichnungen, die der Sekretär des Papstes, Msgr. Loris Capovilla, über die letzten neun Wochen des Pontifikats von Anfang April 1963 bis zum Sterben am Abend des 3. Juni (Pfingstmontag) wie eine Agenda gemacht hat.[7] Unter dem 24. Mai (Freitag nach dem Fest Christi Himmelfahrt) lesen wir: «6.30 Uhr. Er hat wenig geschlafen, er wohnt der Messe bei und kommuniziert. Er fühlt seine Kräfte schwinden. Man gibt ihm Getränke, er wird auch künstlich ernährt und erhält Bluttransfusionen und Plasma. Dem Erzbischof von Turin, Kardinal Maurilio Fossati, der an diesem Tag 88 wird, übermittelt er seine Glückwünsche. Dann, nach Eintreffen von Kardinal Cicognani und Msgr. Dell'Acqua, sagt er: *In Gegenwart meiner Mitarbeiter kommt es mir spontan in den Sinn, den Akt des Glaubens zu erneuern. So ziemt es sich für uns Priester, denn zum Wohl der ganzen Welt haben wir es mit den höchsten Dingen zu tun, und deshalb müssen wir uns vom Willen Gottes leiten lassen. Mehr denn je, bestimmt mehr als in den letzten Jahrhunderten, sind wir heute darauf ausgerichtet, dem Menschen als solchem zu dienen, nicht bloss den Katholiken, darauf, in erster Linie und überall die Rechte der menschlichen Person und nicht nur diejenigen der katholischen Kirche zu verteidigen. Die heutige Situation, die Herausforderung der letzten 50 Jahre und ein tieferes Glaubensverständnis haben uns mit neuen Realitäten konfrontiert, wie ich es in meiner Rede zur Konzilseröffnung sagte. Nicht das Evangelium ist es, das sich verändert; nein, wir sind es, die gerade anfangen, es besser zu verstehen. Wer ein recht langes Leben gehabt hat, wer sich am Anfang dieses Jahrhunderts den neuen Aufgaben einer sozialen Tätigkeit gegenübersah, die den ganzen Menschen beansprucht, wer wie ich zwanzig Jahre im Orient und acht in Frankreich verbracht hat und auf diese Weise verschiedene Kulturen miteinander*

[7] L. Capovilla, Giovanni XXIII. Quindici letture. Edizione di Storia e Letteratura, unveränderter Nachdruck der 3. Auflage, Rom 1970: Ultimi giorni di vita e morte di Giovanni XXIII., S. 445–511. Der hier zitierte Eintrag vom Freitag, 24. Mai 1963 findet sich auf S. 475f. Die vorliegende Übersetzung stammt vom Verfasser.

vergleichen konnte, der weiss, dass der Augenblick gekommen ist, die Zeichen der Zeit zu erkennen, die von ihnen gebotenen Möglichkeiten zu ergreifen und in die Zukunft zu blicken.»

In diesen Worten haben wir ein letztes Vermächtnis von Johannes XXIII. vor uns. Was seinerzeit offiziell als «Geistliches Testament» von Papst Johannes veröffentlicht worden ist[8], lag bei seinem Tod schon neun Jahre zurück. Er hatte es 1954 in Venedig verfasst. Hier hingegen vernehmen wir, was der Papst im Angesicht des Todes vor qualifizierten Zeugen wirklich als die Summe seines Lebens preisgibt. Die Zeugen sind der Kardinal-Staatssekretär, Amleto Cicognani und dessen rechte Hand, Msgr. Angelo Dell'Acqua, die der Papst selber als seine «Mitarbeiter» erwähnt und damit das Gewicht seines Selbstzeugnisses unterstreicht. Dessen inhaltliche Authentizität ist nicht zu bezweifeln, auch wenn wir keine Garantien in Händen haben, dass es sich um eine bis ins letzte «wortgetreue» Niederschrift handelt. Immerhin lassen sich Konvergenzen im Vokabular mit einer Reihe von früheren persönlichen und amtlichen Äusserungen des Papstes feststellen. Vor allem aber werden sehr präzis und sehr persönlich wesentliche Ereignisse seiner Biographie und Laufbahn zusammengefasst, und zwar in der Perspektive einer Weitervermittlung seines Glaubens an die Kirche. Die Verbindung des Persönlichen mit dem Universellen ist das Faszinierende an diesem Text, wie ihn uns Capovilla im Rahmen seiner Aufzeichnungen ohne Aufhebens übermittelt hat. Ich möchte bei ihnen verweilen und sie zum besseren Verständnis zu vielleicht bekannteren oder offizielleren Äusserungen und Handlungen des Papstes in Beziehung setzen. Umgekehrt lassen sich einige wesentliche Optionen in seinem Wirken auch gerade von diesen Worten her in einer Weise beleuchten, dass sie an Klarheit und Profil gewinnen.

Ich sagte bereits, dass Papst Johannes hier zusammengefasst hat, was er in seinem Leben für wichtig hielt, und dass ihm das

[8] DMC V, S. 609–612.

zugleich zu einer Ortsbestimmung für die Kirche und ihre Zukunft wird. Deshalb kann ich es jetzt auch nicht mehr nur im Rahmen des damals für jeden sterbenden Priester üblichen «Aktes des Glaubens» sehen. Ich denke vielmehr an all die Versuche in alter und neuer Zeit, «Glaubensbekenntnisse» zu formulieren.[9] Beispielsweise hat der Nachfolger von Papst Johannes, Paul VI., nach fünf Jahren Pontifikat unter seinem Namen eine Bekenntnisformel veröffentlichen lassen. Herausgefordert von Kardinal Ottaviani, der zwei Jahre nach dem Konzil und im Hinblick auf die erste Bischofssynode eine «Krise» der Rechtgläubigkeit signalisierte, glaubte er, der überlieferte Glaube sei dadurch zu retten, dass noch ausführlicher als in früheren Bekenntnisformeln Sätze wiederholt würden, Sätze, die etwa die Erbsünde zu erklären vorgaben. Hier, in dem, was ich fortan kurz das *Vermächtnis* von Papst Johannes nenne, finden wir nichts von solchen Sätzen zum «Glaubensinhalt». Ihm scheint zu dieser Stunde nicht die Hauptsache zu sein, Abgrenzungen und Eingrenzungen im Sinne der Orthodoxie vorzunehmen. Viel wichtiger ist ihm, ob die Kirche auf den Willen Gottes hört, was «heute», in dieser geschichtlichen Konstellation, seine Absicht sein könnte und wie wir uns *hic et nunc* als Christen, als Kirche einstellen und verhalten sollen. Mit anderen Worten: Papst Johannes denkt beim Glauben zugleich ans Handeln – was jetzt zu tun und was allenfalls anders als bisher zu tun ist.

Derselben wachen, für Innovation offenen, weil gläubigen Einstellung zur Geschichte hat Papst Johannes in der *Eröffnungsansprache zum Konzil* Ausdruck verliehen. Auf sie beruft er sich jetzt ausdrücklich. Ist also nicht sie das eigentliche Vermächtnis? Der eminent persönliche Anteil des Papstes – dass diese Ansprache sein Werk ist, zu dem er auch noch im Sterben steht – wird jedenfalls hier bekräftigt. Die Ansprache vom 11. Oktober 1962

[9] Vgl. Orientierung 52 (1988), S. 109f.

hat diesen Rang aber erst recht durch ihren prophetischen Charakter. In einer zentralen Passage, auf die wir weiter unten näher eingehen, wird dem Lehramt der Kirche ein Auftrag erteilt und dessen Sendung in einer Weise erklärt, die weit über das Konzil hinaus auf die Zukunft hin aktuell bleiben. Ging es dem Papst im feierlichen Moment der Konzilseröffnung um die Spannung zwischen der Tradition und dem Heute, so verstand er «Tradition» im grossen, umfassenden Sinn. Er sprach vom «Schatz aus zwanzig Jahrhunderten», der inzwischen zum «Erbe der ganzen Menschheit» geworden sei. Die Kirche kann ihn also nicht nur wie ihr Eigentum im eigenen sicheren Safe bewahren, sie muss ihn vielmehr aussetzen und den Menschen von heute, in ihrem heutigen Denken und Empfinden nahe bringen.

Im kurzen Vermächtnis vom 24. Mai 1963 finden wir ebenfalls diesen Blick auf die «Menschheit» im universalen Sinn. Johannes stellt jetzt aber dem «Heute» die «letzten Jahrhunderte» gegenüber. In ihnen, sagt er, standen vor allem «die Katholiken» im Sinne der Konfession und die «Rechte der Kirche» im Blickfeld. Damit ist offensichtlich das System der «Christenheit» gemeint, das an sein Ende gekommen sei. Dieses System bestand in der Verknüpfung von Staat und Kirche, wie sie im Grunde auf das vierte Jahrhundert zurückgeht. Sie bewirkte, dass die Kirche Zwangsmassnahmen des Staates rechtfertigte und dass der Staat für die Kirche stellvertretend Funktionen übernahm, bis hin zur gewaltsamen Verpflichtung von Häretikern und Schismatikern zum Gehorsam gegenüber der kirchlichen Autorität.

An diesem System hatte die Neuzeit gehörig gerüttelt: Die Reformation brachte zwar zunächst neue Staatskirchentümer, sogar in verschärfter Form (Unterordnung der Kirche unter den Staat), aber der Pluralismus der Konfessionen und Religionen drängte im Gefolge der Aufklärung und im Zuge der grossen Migrationen und Bevölkerungsvermischungen im Zeitalter der beginnenden Industrialisierung immer mehr auf Trennung von Kirche und Staat. Prophetische Minderheiten in den Kirchen erspürten, «wohin der Hase lief», dass also die Geschichte unaufhaltsam in Richtung «Säkularisierung» drängte, auch wenn die Mächtigen in Kirche und Staat dies lange nicht wahrhaben und am alten System festhalten wollten. Dieses fand denn auch in der Neuzeit noch seinen neuen Höhepunkt in den spanischen und portugiesischen Kolonien und erhielt sich dort bis zu den Unabhängigkeitskriegen. Ja, auch in den französischen Überseegebieten – *La France d'Outre mer* – feierte die Ehe von Thron und Altar fröhliche Urständ, als im Mutterland längst die Ideen der Französischen Revolution zum Durchbruch gelangt waren und schliesslich 1905 die radikalen Trennungs- und Vertreibungsgesetze gebracht hatten, wie sie in analoger Form (allerdings ohne effektive «Trennung») die katholische Kirche in Deutschland und in der Schweiz im sogenannten «Kulturkampf» der siebziger Jahre des vorigen Jahrhunderts erlebt hatte.

Bei all diesen Entwicklungen, Säkularisation, Kulturkampf usw., ging es immer um die «Rechte der Kirche», die «Rechte der Katholiken», die dem modernen Staat gegenüber zu verteidigen waren. Dabei stand bei diesen Kämpfen nach wie vor die nostalgische Vorstellung der «Christenheit» im Hintergrund: «Als die Kirche noch die Führerin der Völker war...», hiess es in einer Enzyklika Leos XIII., und selbst in den Rundschreiben zur «sozialen Frage» (*Rerum novarum*, 1891, *Quadragesimo anno*, 1931) spielten die «Rechte der Kirche» noch eine wichtige, wenn nicht entscheidende Rolle.

Am Vorabend des Konzils kam nun allerdings auch in kirchlichen Kreisen das Wort vom «Ende der Konstantinischen Ära» auf, und buchstäblich am Tag vor der Konzilseröffnung konnte der damalige Mailänder Kardinal Giovanni Montini auf dem römischen Kapitol einen Vortrag[10] halten, über den die Zeitungen mit

[10] G.B. Montini, Discorsi e scritti sul Concilio (1959–1963) [Istituto Paolo VI, Brescia. Quaderni dell'istituto 3], Brescia und Rom 1983, S. 168–177; vgl. M. Gozzini, Concilio Aperto, Vallecchi, Florenz 1962.

der Schlagzeile «Freie Kirche im freien Staat» berichteten. Dieser Parole des *risorgimento* standen andererseits das Erbe der Konkordate mit Hitler und Mussolini, die noch bestehende spanische Staatskirche unter Franco und das immer noch nicht aufgekündigte Patronatsrecht Portugals (damals unter Salazar) in Angola und Moçambique gegenüber. Ebenfalls dies waren noch «Realitäten», von denen natürlich auch Konzilsväter – zumal italienische, spanische, portugiesische – geprägt waren, selbst wenn sie im Vergleich zu den «neuen» Realitäten, von denen im Vermächtnis die Rede ist, als «alt» einzustufen waren und ihnen gegenüber eine Gärung und ein Ablösungsprozess bald einmal offenkundig werden sollten.

Dass angesichts dieser Lage Johannes XXIII. in seiner Eröffnungsansprache so dezidiert mit der Nostalgie der «Christenheit» aufräumen und den ihr nachhängenden «Unglückspropheten» in seiner nächsten Umgebung so pointiert Absage erteilen würde, hat wohl niemand erwartet. Ich erinnere mich, wie es in diesem Augenblick mäuschenstill wurde und auch der Redaktor einer italienischen Zeitschrift *(Mondo)* hinter mir, der während der ganzen zweistündigen Zeremonie geschwatzt hatte, verstummte. Der Papst sprach vom Kurienalltag, von der «täglichen Amtsausübung», und wie ihm da unterschwellig Auffassungen nahegelegt würden, die ihn verletzten. Sie stammten von Leuten, die «zwar voll Eifer, aber nicht gerade mit einem sehr grossen Sinn für Differenzierung und für Takt begabt» seien.

Diese Passage der Eröffnungsrede – man lese sie im Zusammenhang (Nr. 8/9 bzw. 7–10) – schlug wie keine andere ein; denn sie wurde als prophetischer Widerspruch formuliert. Der Widerspruch galt einer ganzen Mentalität, einem Trend, der in der Kirche immer wieder Anhänger findet. Der Papst traf sie mit dem einzigen Wort: Unglückspropheten! Er denunzierte ihre Fehleinstellung und formulierte selber eine entgegengesetzte Prophetie. Auf zwei Sätze zusammengepresst lautet seine These: «Sie [die Unglückspropheten] sagen, dass unsere Zeit sich im Vergleich zur

Vergangenheit nur zum Schlechteren entwickle. Wir aber... [sehen], wie die Menschen in dieser Stunde der Geschichte in eine neue Ordnung ihrer Beziehungen untereinander geführt werden, und zwar über ihre Erwartungen hinaus nach einem höheren Plan...» Die Aussage verläuft somit in zwei Richtungen, nach rückwärts und nach vorwärts. Nach rückwärts: die Vergangenheit war nicht so rosig, wie man oft glauben macht. Als Beispiel dienen die früheren Konzilien. Schon als der Papst sie eingangs seiner Rede in ihrer Abfolge als Mittel zur Erneuerung und Zeichen der Vitalität der Kirche würdigte, fügte er gleich hinzu, dass die Kirchengeschichte «seit 1900 Jahren» auch ihre dunklen Seiten habe (Nr. 3). Jetzt, in Nr. 8, wendet er sich dagegen, dass man so tue, «als ob bei den vorausgegangenen ökumenischen Konzilien Sinn und Geist des Christentums, gelebter Glaube und eine gerechte Anwendung der Freiheit der Religion sich in allem hätten durchsetzen können». Und in Nr. 9 wird er noch konkreter und erinnert daran, wie gerade die Konzilien unter «unzulässiger Einmischung der staatlichen Autoritäten» zu leiden hatten und «selbst bei aufrichtiger Schutzabsicht der Mächtigen dieser Welt» das Opfer von deren politischen Interessen wurden.

Nach vorwärts wagt sich der Papst vorsichtig an eine differenzierte Deutung der zeitgenössischen Wirklichkeit, insofern sie von einem Mangel an Interesse für die Anliegen der Kirche gekennzeichnet sei. Gewiss sei es nicht gut, wenn vor lauter Aufmerksamkeit für Politik und Wirtschaft «keine Zeit mehr für Belange im geistlichen Bereich» bleibe; aber an den neuen Verhältnissen und Lebensbedingungen in der Moderne gelte es, wenigstens den einen Vorteil nicht zu übersehen, «dass jene vielen Hindernisse ausgeräumt sind, mit denen einst Staaten das freie Handeln der Kirche eingeschränkt haben».

An diese Freiheit knüpft Papst Johannes seine «grosse Hoffnung»: dass über das Konzil die Kirche zu einer Stimme wird, die Gehör findet (Nr. 10).

Das Fazit der Konzilseröffnungsrede in unserem Zusammenhang lautet: Die gläubige Hoffnung von Papst Johannes hat ihr solides menschliches Fundament in einer realistischen Geschichtsbetrachtung. Sie hilft ihm, das «gute Heute Gottes» anzuerkennen und wahrzunehmen, wo «jetzt» die Chancen für das Evangelium liegen. Im Vermächtnis heisst das: «die Zeichen der Zeit erkennen, Möglichkeiten ergreifen, in die Zukunft blicken». Im Vermächtnis wird aber auch verdeutlicht, worin Papst Johannes die positiven Seiten an der Gegenwart und die Aufgaben für die Zukunft sieht: die Erweiterung des Horizonts, dass jetzt im Blickfeld der Kirche die ganze Menschheit steht, eine universale Sicht auf alle Menschen, auf jeden von ihnen, auf seine Würde, seine Rechte. Sie, die «Rechte der menschlichen Person», sagt er, müssen «in erster Linie und überall» verteidigt werden.

Das ganz besondere am Vermächtnis aber ist, wie Papst Johannes diese Einsichten mit den Erfahrungen seines eigenen, «recht langen Lebens» verknüpft. Drei Phasen nennt er: den «Anfang des Jahrhunderts» – darauf komme ich zurück –, «zwanzig Jahre im Orient» und «acht in Frankreich».

Eigentlich müsste ich jetzt in den Quellen auf die Suche gehen, was er denn konkret und im einzelnen gelernt hat – im Orient, in Paris, und wie dies alles zusammenwuchs zu dieser Grundeinsicht: dem Menschen dienen, die Zeichen der Zeit lesen, den *Kairos* packen. Ein erst kürzlich (1989) publizierter, 1986 gehaltener Vortrag von Giuseppe Alberigo gibt mir hierzu einige Hinweise.[11] Er fragt danach, welche Erfahrungen Roncalli für die «Inspiration» zur Eröffnung eines Konzils vorbereitet haben. Diese besondere Frage wollen wir im Hinterkopf behalten. Hier geht es mir zunächst um Lernerfahrungen im Hinblick auf Optionen, welche die gesamte Einstellung und «Politik» des Papstes betrafen. Ich frage

[11] G. Alberigo, L'ispirazione di un concilio ecumenico: le esperienze del cardinale Roncalli, in: Le deuxième Concile du Vatican (1959–1965) [Collection de l'Ecole Française de Rome, 113], Rom 1989, S. 81–99.

also: Was hat er von seinen Jahren im Orient und in Frankreich in sein Pontifikat «einbringen» können?

Hier wie dort stand Roncalli im diplomatischen Dienst, zuerst als «apostolischer Visitator» (ein Provisorium), dann als «Delegat», schliesslich in Frankreich als Nuntius. Der «Orient»[12] präsentierte sich ihm aber mit zwei radikal verschiedenen Gesellschaften. Von 1925 bis 1934 erlebte er in Bulgarien eine eng mit der orthodoxen Nationalkirche verbundene Monarchie, also das System der «Christenheit» in östlicher Form. Alle Biographen berichten, wie er beim Zusammenstoss dieses Systems mit der Gesetzgebung der römischen Kirche (Ehe des der bulgarischen orthodoxen Kirche angehörenden Königs Boris III. mit einer katholischen italienischen Prinzessin) als Vertreter des Papstes das Nachsehen hatte und darob bei seinen Auftraggebern in Ungnade geriet. Alberigo aber sieht die Erfahrung, die er mit der orthodoxen Kirche dort machte, in ihren positiven Wirkungen. Es steht ausser Zweifel, und es gibt dafür auch noch von Capovilla notierte Äusserungen aus den letzten Lebenstagen, wie sehr die Bevölkerung Bulgariens Roncalli ans Herz gewachsen war.[13] Diese Bevölkerung war grossmehrheitlich orthodox, und so waren es auch deren Priester und Bischöfe. Die Erfahrung, dass Menschen, zu denen er Zuneigung verspürte, einer Kirche angehörten, die «keine

[12] Die geographisch nicht ganz zutreffende Bezeichnung «Orient», die Roncalli gebraucht, um seine diplomatische Tätigkeit von 1925 bis 1944 zuerst in Bulgarien, dann in Griechenland und der Türkei zu bezeichnen, kommentiert P. Hebblethwaite mit der Reminiszenz, dass Roncalli für seine Eisenbahnreisen den damals berühmten «Orient-Express» benützt hat (P. Hebblethwaite, Johannes XXIII. Das Leben des Angelo Roncalli, Zürich u. a. 1986, S. 156f.). Vgl. dazu den Brief an die Schwestern Ancilla und Maria (Sofia, am 2. November 1929): «Eine ausgezeichnete Reise, ohne irgendwelche Anstrengung. Bei den heutigen Bequemlichkeiten bleibt nichts mehr zu wünschen übrig. Im Zug ruht man aus, liest und betet man, betrachtet die Schönheiten der Natur und die Verschiedenheit der Menschen.» (Briefe an die Familie. Band 1, 1901–1944, Freiburg u. a. 1969, S. 185f.)

[13] Vgl. die Abschiedspredigt vor der Übersiedlung in die Türkei, die nun in einer kritischen Edition in der erwähnten Studie von F. Della Salda (Anm. 15) zugänglich ist (S. 259–264).

Gemeinschaft mit Rom» hatte, die Erfahrung auch, dass er mit den dortigen Bischöfen nicht gemeinsam Eucharistie feiern durfte, blieb Roncalli als zugleich bereichernde und schmerzliche Erinnerung haften. Das Gebet *ut unum sint, ut unum sint*, das noch von seinem Sterbebett überliefert ist, könnte hier seine Wurzel haben. Sicher war sein Interesse an der Ökumene von der Erfahrung im Orient geprägt[14], wobei er, wie Peter Hebblethwaite in seiner Biographie ausführlich darlegt, einen Lernprozess durchmachen musste. Zugute kam seinem Ökumene-Verständnis eine Freundschaft mit Dom Lambert Beauduin OSB, dessen Zeitschrift *Irenikon* er las und dessen Interesse an Bulgarien ihn die «Verschickung» dorthin vielleicht etwas weniger sinnlos erscheinen liess.[15] Alberigo betont, dass die ökumenischen Lehrjahre in Bulgarien ihn zur unterscheidenden Einsicht führten, dass das Heil nicht von «Unionen» mit Rom zu erwarten sei. Tatsächlich hatte er als deren geschichtliches Ergebnis neue Spaltungen vor Ort unter der ansässigen Bevölkerung vor Augen. Das Gebet *ut unum sint* (nach Jo 17), das er während der jährlichen Feier der Weltgebetsoktav (18.–25. Januar) besonders pflegte, musste, auf die verschiedenen Kirchen bezogen, jenen weiteren, nicht mehr auf «Rückkehr» (nach Rom), sondern auf «Heiligung« (Christus-

[14] Vgl. die Ansprache zur Siebenhundert-Jahrfeier des Ersten Konzils von Lyon (1245) am 24. Juni 1945, in: Johannes XXIII. Erinnerungen eines Nuntius, Freiburg u. a. 1965, S. 47–55; die erwähnte Stelle auf S. 53: «Dieses Konzil (hier spricht Roncalli vom Zweiten Konzil von Lyon [1274], L. K.), dessen Hauptzweck das Studium der Befriedung und der Einigung der griechischen mit der lateinischen Kirche gewesen ist, ist mir besonders teuer und interessiert mich um so lebhafter, als mich die 20 Jahre, die ich im Orient verbracht habe, bevor ich nach Paris berufen wurde, die mütterliche Sorge der Kirche um die so wichtige Frage persönlich miterleben liessen, wie nach dem Worte Christi die Einheit der Herde mit dem Hirten wiederhergestellt werden könnte.»

[15] Zum Lernprozess, den Roncalli in Bulgarien durchmachte, vgl. die Beobachtungen von P. Hebblethwaite in der zitierten Biographie (vgl. Anm. 12), S. 157–176; jetzt neu: F. Della Salda, Obbedienza e Pace. Il vescovo A. G. Roncalli tra Sofia e Roma, 1925–1934 (Testi e ricerche di Scienze religiose. Nuova serie, 2), Marietti, Genua 1989.

nähe) abzielenden Sinn erhalten, wie ihn dann im Frankreich der vierziger Jahre Abbé Paul Couturier unter Katholiken propagiert hat. Vor allem aber lernte Roncalli, dass Misstrauen und Vorurteile in den zwischenkirchlichen Beziehungen nur durch sehr viel Behutsamkeit und Takt zu überwinden seien. Die Frucht dieser Einsicht und dieser von ihm geübten Praxis finden wir in der Art, wie er im Vorfeld des Konzils die Einladung von Beobachter-Delegierten der anderen christlichen Kirchen anbahnte. Der Mann, den er dazu ausersah, die diesbezügliche Anlaufstelle (Sekretariat für die Einheit der Christen) zu leiten, Kardinal Bea, brachte zudem dank seiner wissenschaftlichen Kontakte zu den Kirchen der Reformation eine willkommene Ergänzung zu Roncallis Ostkirchenerfahrung ins Spiel.[16]

Eine völlig andere Welt umgab Roncalli in Istanbul (1935–1944). Zwar setzte er auch hier seine Besuche bei orthodoxen Würdenträgern (ökumenisches Patriarchat, griechische Metropoliten usw.) fort, doch sah er sich mit ihnen gemeinsam einer seit 1922 (Atatürk) radikal säkularisierten und nach westlichen Mustern modernisierten Staatsform gegenüber. Möglicherweise hat das die ökumenischen Kontakte noch herzlicher werden lassen. Den Staat erlebte er vor allem über die Polizei, der er sich als Ausländer zu stellen hatte, ferner schon gleich im ersten Monat in Form des Verbots einer katholischen Zeitschrift (*Vita catholica*). Trotzdem musste er auch die Vorteile sehen, die der säkularisierte Staat der gesamten christlichen Minderheit angesichts einer grossmehrheitlich muslimischen Bevölkerung brachte. Er konnte jedenfalls die Erfahrung machen, dass es sich auch unter solchen Verhältnissen als Kirche leben liess, für ihn als Katholik und Lateiner kaum schlechter als im Nachbarstaat Griechenland, der ebenfalls zu seinem Wirkungskreis gehörte und wo ihm dann vor allem während des Zweiten Weltkriegs akute Hilfsaufgaben zuwuchsen.

[16] S. Schmidt, Giovanni XXIII e il Segretariato per l'unione dei cristiani, in: Cristianesimo nella storia 8 (1987), S. 95–117.

In einem dramatischen Moment der zunehmenden Hungersnot erlebte er dort auch, wie Ökumene zwischen Kirchen erst durch deren gemeinsame Herausforderung seitens der Not der Bevölkerung, d. h. durch den Versuch, gemeinsam darauf zu antworten, vorankommt.[17] Es ging in der Tat darum, «dem Menschen als solchem zu dienen, nicht bloss den Katholiken...»

In Frankreich (1945–1952) hatte es Nuntius Roncalli nicht nur mit De Gaulle und dessen Wünschen nach Ersetzung einer ganzen Anzahl (dreissig!) Vichy-freundlicher Bischöfe zu tun.[18] Er traf dort vielmehr auf eine mitten im Krieg zu missionarischem Aufbruch erwachte Kirche: *France, pays de mission*, das Buch des Abbé Godin, hatte die Entchristlichung weiter Landstriche offengelegt, und im gleichen Jahr 1943 hatte der Episkopat die *Mission de France* gegründet, um der Herausforderung zu begegnen, welche die Entfremdung der Arbeiterklasse von der Kirche darstellte. Roncalli, der 1946 in Lisieux die Ausbildungsstätte der *Mission* besuchte, machte sich auch behutsam daran, das Wirken und die Lebensweise der Arbeiterpriester kennenzulernen. Angesichts der Besorgnisse, die in Rom durch alarmierende Briefe gegen die Annäherungen an das «Proletariat» bzw. die «Proletarisierung der Priester» genährt wurden, ist es erstaunlich, dass nicht nur ein Sakramentenritual mit volkssprachlichen Teilen zur Sakramentenspendung (1947), sondern auch das Seminarstatut der *Mission de France* (1949) die römische Approbation erhielten. Sie erreichte den Erzbischof von Paris, Kardinal E.-C. Suhard Ende Mai, drei Tage vor seinem Tod. Roncalli kommt daran insofern ein Verdienst zu, als die Grundlage für diesen positiven Entscheid ein ausführlicher Rapport über das Seminar bildete, den nach Rom zu

[17] R. Morozzo della Rocca, Roncalli diplomatico in Turchia e Grecia, in: Cristianesimo nella storia 8 (1987), S. 33–72; P. Hoffmann, Roncalli in the Second World War: Peace Initiatives, the Greek Famine and the Persecution of the Jews, in: Journal of Ecclesiastical History 40 (1989), S. 74–99.

[18] E. Fouilloux, Straordinario ambasciatore? Parigi 1944–1953, in: G. Alberigo (Hrsg.), Papa Giovanni, Editori Laterza, Bari 1987, S. 67–96.

senden Roncalli dessen Leiter geraten hatte. Noch wichtiger aber scheint der Respekt gewesen zu sein, den man in Rom Kardinal Suhard entgegenbrachte, dass man also dessen persönliche Verantwortung und Verantwortlichkeit für das «Experiment» anerkannte.

Negativ ist damit gesagt, dass nach dem Ableben des Kardinals eine wichtige Hemmung wegfiel, sich auf die Klagen einzulassen und gegen die Arbeiterpriester vorzugehen. Das zweite Hemmnis war möglicherweise Roncalli. Jedenfalls vergingen genau fünf Monate nach seiner Abreise von Paris bis zum ersten «Ukas» aus Rom (Verbot von Fabrikaufenthalten für Priesteramtskandidaten: 27. Mai 1953) und drei weitere bis zur offiziellen Ankündigung, dass das Seminar der *Mission de France* geschlossen werde (6. September 1953). Zu «beweisen» gibt es da allerdings nichts, bevor nicht die wichtigste Quelle, nämlich die Korrespondenz zwischen Roncalli und dem Vatikan zugänglich ist. Eben deshalb wissen wir auch nichts über eine Rolle oder Reaktion Roncallis auf die vom *Sanctum Officium* im Zusammenhang mit der Enzyklika *Humani generis* (1950) gegen Theologen aus dem Jesuitenorden (Lyon-Fourvière) und aus dem Dominikanerorden unter Druck auf die Ordensleitungen initiierten Massnahmen. Bekannt ist lediglich, das sich Roncalli vom Erscheinen der Enzyklika nicht abhalten liess, eine Reise durch einige Gegenden Frankreichs anzutreten und somit von Paris abwesend zu sein.

Besser informiert sind wir über die Beziehungen zwischen Roncalli und Kardinal Suhard. Nach Jean Vinatier[19], dem Biographen Suhards, lassen sich drei Phasen unterscheiden: eine erste des gegenseitigen Misstrauens, eine zweite der sukzessiven Annäherung, eine dritte der restlosen gegenseitigen Hochschätzung. Das

[19] J. Vinatier, le cardinal Suhard (1874–1949). L'évêque du renouveau missionaire, Paris 1983, S. 191–217; und ders., I rapporti del nunzio Roncalli con il card. Suhard, in: G. Alberigo (Hrsg.), Giovanni XXIII. Transizione del Papato e della Chiesa, Borla, Rom 1988, S. 51–67.

anfängliche Misstrauen hatte mit der Rolle zu tun, die dem Nuntius auf höchster Ebene (Pius XII./De Gaulle) zukam. De Gaulle hatte Suhard gedemütigt und ihn anlässlich seines Einmarsches in Paris vom Magnifikat in Notre Dame ausgeschlossen. Pius XII., der dies so wenig wie die drohende Absetzung von Bischöfen billigte, wünschte von Roncalli, trotzdem bestmögliche Beziehungen zu De Gaulle zu unterhalten. Soweit dies einer Quadratur des Zirkels gleichkam, ist es begreiflich, dass die Rolle des Nuntius als zweideutig empfunden wurde.[20]

Im Prozess fortschreitender gegenseitiger Annäherung ging es um die grossen missionarischen Initiativen Suhards, vor denen Roncalli zunächst «perplex» stand. Seine eigene Seelsorgeerfahrung in Bulgarien und in der Türkei bezog sich auf kleine, grundsätzlich anhängliche Diasporagemeinden, die gesellschaftlich irrelevant waren. In Frankreich begegnete er einer Kirche, die einerseits als eine geschichtliche Grösse dastand und so auch seiner eigenen Position gesellschaftliche Bedeutung verlieh; einer Kirche aber auch, die durch ihr Selbstbewusstsein und ihre neuen Aufbrüche ihn im Vergleich zum Episkopat als zweitrangig und gegenüber der «Avantgarde» sogar als rückständig erscheinen liess; einer Kirche schliesslich, die seit der Französischen Revolution in ihrem Verhältnis zur übrigen Gesellschaft gespalten war. Was Suhard Roncalli sicher nahebrachte, waren die statistischen Fakten über die rasante Zunahme der Ungetauften bzw. das damals bereits auf 59 Prozent gesunkene Verhältnis der Taufen zu den Geburten in der Stadt Paris. Gewiss hat Roncalli auch die drei grossen Hirtenbriefe von Suhard gelesen, in denen die Situation theologisch gedeutet wurde. «Aufstieg oder Niedergang der Kirche» (1947)[21], «Sinn für Gott» (1948), «Der Priester in der zivilen Gesellschaft» (1949).

[20] Dazu die ausführliche, in Anm. 18 erwähnte Studie von E. Fouilloux.

[21] A. Melloni weist im kritischen Apparat zum «Geistlichen Tagebuch» darauf hin (S. 611, Anm. 17), dass ein persönliches Exemplar mit Bleistiftmarkierungen Roncallis von «Aufstieg oder Niedergang der Kirche» in der Seminarbibliothek von Venedig aufbewahrt wird. Amtliche Notizen Roncallis sind bisher nicht zu-

Zur gegenseitigen Achtung und zunehmenden Freundschaft gehört die Zahl von insgesamt 45 Begegnungen während viereinhalb Jahren, mehr als die Hälfte davon privater Natur. Die tiefe Verehrung Roncallis für Suhard setzte sich nach dessen Tode fort, und vielleicht ging es Roncalli erst als Patriarch von Venedig voll auf, was es mit dem pastoralen Konzept Suhards auf sich hatte. Ja, Vinatier meint, erst mit der Wahl zum Papst sei Roncalli *suhardien* im Sinne von kühner Dynamik geworden, wie sie im Vermächtnis mit dem Wort «Möglichkeiten ergreifen» angedeutet ist.

Wie weit sich Roncalli Gedanken über französische «Kultur» gemacht oder gar Kulturvergleiche angestellt hat, ist den Quellen kaum zu entnehmen, es sei denn, der Begriff werde (mit Lercaro!) im Sinn der geduldigen, differenzierenden Aneignung von Erfahrungen verstanden, die es erlaubt, auch inmitten eines ganzen Rahmens von Konventionalität die persönliche Eigenständigkeit durchschimmern zu lassen.[22] In diesem Zusammenhang stellen wir bei Nuntius Roncalli zwar eine – mit Suhard geteilte – Vorliebe für Bossuet wie eine noch allgemeinere Lesebegierde fest, die aber bestimmt bleibt von seiner eigenständigen «Rückkehr zu den

gänglich. Bekanntlich hat Pius XII. unwillig auf das grosse Echo, das dieser Hirtenbrief hervorrief, reagiert.

22 So die Eintragung ins «Geistliche Tagebuch» während der Exerzitien vom 8. bis 13. Dezember 1947: «Ich habe in meinem Zimmer alle die Bücher zur Hand, die ich gerne lese. Alles Werke ernsthaften Inhalts, die den Erfordernissen des katholischen Lebens entsprechen. Diese Bücher können allerdings eine Ablenkung sein und zu einem Missverhältnis führen zwischen der Zeit, die ich vordringlich zur Erledigung der laufenden Angelegenheiten des Heiligen Stuhles und anderem verwenden muss, und der Zeit, die mir wirklich zur Lektüre freisteht.» (S. 608) Und die Bemerkung, die kurz darauf folgt: «Mein längerer Aufenthalt in Frankreich erweckt bei mir immer grössere Bewunderung für dieses grosse Land und aufrichtige Zuneigung für ‹nobilissimam Gallorum gentem›. Vor meinem Gewissen bemerke ich jedoch einen Widerspruch; der Widerspruch zwischen dem Lob einerseits, das ich den verdienten und lieben katholischen Christen Frankreichs gern spende, und meiner Pflicht als Nuntius andererseits.» (S. 610) Solche Überlegungen im Sinne eines «agere contra» können nicht als mangelnde Kenntnis französischer Kultur verstanden werden (so P. Hebblethwaite in der Biographie, S. 282 f.).

Quellen» des Christlichen. Wie er hier «vergleicht», und zwar unter dem Kriterium der «Einfachheit des Evangeliums», davon soll später noch die Rede sein.

Herausforderungen des 20. Jahrhunderts

In seinem «Glaubensakt» und Vermächtnis erwähnt Papst Giovanni nicht nur Zeitabschnitte seiner eigenen Biographie, sondern überschreitet sie durch den Hinweis auf überindividuell bedeutsame Zeitläufe und Epochen hin. Die erste solche Zeitangabe lautet: «in den letzten Jahrhunderten». Damit ist möglicherweise die ganze sogenannte Neuzeit oder dann die Zeit seit dem Konzil von Trient (1545–1963) gemeint. Für beides gibt es Anhaltspunkte.

Die Verwirklichung der tridentinischen Reform auf ortskirchlicher Ebene hat Angelo Roncalli Zeit seines Lebens als Historiker studiert. Er gab von der Zeit an, da er Sekretär des Bischofs Radini Tedeschi war, sozusagen im Nebenamt oder als Hobby die Akten dieser Reform in seiner Heimatdiözese Bergamo heraus. Der fünfte Band dieser Edition erschien in dem Jahr, als Roncalli Papst wurde.[23] Die Problematik der Neuzeit beschäftigte ihn ebenfalls als jungen Kirchenhistoriker, und zwar im Zusammenhang mit Caesar Baronius, dem Altmeister seiner Zunft, der von 1538 bis 1607 gelebt hatte. Kardinal Baronius liess sich zu seiner Zeit durch die Magdeburger Zenturien, das grosse protestantische Geschichtswerk, herausfordern. Zum nachträglichen Gedenken an den 300. Todestag und zur Eröffnung des neuen Schuljahres am Seminar in Bergamo hielt der junge Roncalli eine Rede, in der er die Neuzeit durch ein Diktum von Francis Bacon gekennzeichnet

[23] A. G. Roncalli (Hrsg.), Gli atti della visita apostolica di S. Carlo Borromeo a Bergamo (1575), Ed. Olschki, Florenz 1936–1957. Fünf Bände; vgl. dazu nun: S. Trinchese, Roncalli «storico». L'interesse per la storia nella formazione e negli studi di Papa Giovanni XXIII, 1905–1958, M. Solfanelli, Chieti 1988, S. 135–160.

sah: Alles Wissen stammt aus Erfahrung. Roncalli plädierte damals aus aktuellem Anlass oder, wie er sagte, als «ein Wort zur Zeit» dafür, dass die Kirche die Erfahrungswissenschaften in ihr Ausbildungsprogramm aufnehme und den induktiven Methoden ihren Platz gebe. Diese Rede, die damals gleich zweimal hintereinander publiziert wurde und 1963 aufgrund einer Neuedition auch in einer schönen deutschen Ausgabe im Johannes-Verlag (Einsiedeln) erschienen ist[24], hielt Roncalli am 4. Dezember 1907. Das war drei Monate nach Erscheinen der Enzyklika *Pascendi* gegen den Modernismus. Drei Jahre später, 1910, wurde der Antimodernisteneid eingeführt, und noch bis zu Beginn des Ersten Weltkrieges dauerte die Antimodernisten-Jagd. Bekanntlich hat ihr erst Benedikt XV. ein Ende, derzeit müssen wir leider sagen ein vorläufiges Ende, bereitet.

Die beiden letztgenannten Daten führen uns zu einer weiteren Zeitangabe im Vermächtnis: «am Anfang unseres Jahrhunderts». Von der Biographie und von anderweitigen Äusserungen des Papstes her würde man bei dieser Zeitangabe zuerst an die «Modernismuskrise» denken.[25] Doch im Vermächtnis verbindet er mit diesem Hinweis die «neuen Aufgaben einer sozialen Tätigkeit». Wir fragen: Was soll das im Rahmen seiner autobiographischen Reminiszenz? Wo sah er, Angelo Roncalli, sich am Anfang des Jahrhunderts «vor den neuen Aufgaben einer sozialen Tätigkeit, die den ganzen Menschen beansprucht»? Und wir fragen darüber hinaus: Gibt es vielleicht einen Zusammenhang mit dem Modernismusstreit?

[24] A. Roncalli, Il cardinale Cesare Baronio. Neuausgabe mit einer Einleitung von G. De Luca. Storia e Letteratura, Rom 1961; deutsch: Baronius (Sigillum 22), Einsiedeln 1963; vgl. dazu. S. Trinchese, (Anm. 23), S. 55–82, und A. Melloni, Il modello di Carlo Borromeo negli studi e nell'esperienza di Angelo Giuseppe Roncalli, in: Rivista di storia e letteratura religiose 23 (1987), S. 68–114.

[25] T. M. Loome, Liberal Catholicism, Reform Catholicism, Modernism. A Contribution to a New Orientation in Modernist Research (Tübinger Theologische Studien 14), Mainz 1979.

Die ausführliche «Chronologie» der Lebensdaten, die Capovilla zusammengestellt hat[26], vermerkt für den 4. Januar 1901 die Übersiedlung des 19jährigen vom Seminar in Bergamo in das Römische Seminar (Appollinare). Roncalli erlebte dort die zweieinhalb letzten Jahre des Pontifikates Leos XIII. Eine Eintragung in seinem Tagebuch vom 15. Mai 1903 zeigt, dass er den 12. Jahrestag des Erscheinens der Enzyklika *Rerum novarum* als ein «grosses Ereignis» mitbekommt, das landesweit, ja europaweit von den organisierten Katholiken *(cattolici di azione)* und von Jugendgruppen begangen wird. Roncalli schreibt nicht nur vom «grossen Papst der Arbeiter», sondern er nennt auch die *Democrazia Cristiana*, die von seinen «begeisterten» Altersgenossen mit Jubel gefeiert wird, eine «grosse Idee»[27]. Allerdings hat er persönlich, «noch nicht für die Seelsorgsarbeit vorbereitet», wie er war, seinen «Beitrag» zu diesem Ereignis im Gebet gesehen und offenbar nicht an Manifestationen oder dergleichen teilgenommen, während ihm ein paar Tage vorher die «Zerstreuung» zuteil wurde, beim Aufzug des englischen Königs Edward VII. und beim noch glanzvolleren des deutschen Kaisers Wilhelm II. – beide auf dem Weg zum Vatikan – zugegen zu sein. In der Zusammenfassung seiner Gebete spricht er von der «sozialen Frage» als einer Frage, die «nicht nur dem Bereich des materiellen, sondern auch des geistigen Lebens» zugehöre, und macht sich damit eine Mahnung

[26] In: L. Capovilla, Giovanni XXIII. Quindici letture (vgl. Anm. 7), S. 513–765, hier S. 517.

[27] In diesen Jahren vor allem durch die organisatorischen Initiativen und die Publikationen von Romolo Murri (1870–1944) gefördert. Durch Leo XIII. in der Enzyklika «Graves de communi» (vom 18. Januar 1901) getadelt, durch die Auflösung der «Opera dei congressi» und die Enzyklika «Pieni l'animo» (28. Juli 1906) durch Pius X. in seiner Tätigkeit schwer getroffen, wird er nach zwei Verurteilungen der von ihm herausgegebenen Zeitschrift «Rivista di cultura» von seinem Priesteramt suspendiert, und nachdem er sich 1909 als Abgeordneter der Radikalen Partei wählen liess, mit der feierlichen Exkommunikation bestraft. Piux XII. schrieb ihm 1943 einen persönlichen Versöhnungsbrief.

Leos XIII. zu eigen.[28] Im Kontext spricht er von «Erhitzung der Gemüter, Klagen der Enterbten, Kämpfen, Enttäuschungen und Triumphen» und mitten drin von der «fieberhaften Arbeit» seelsorglich orientierter Menschen (wörtlich: «apostolisch gesinnter Seelen»). Hier, in dieser Sequenz, dürfte das getroffen sein, was er im Vermächtnis ein soziales Wirken nennt, das «den ganzen Menschen beansprucht».

Ein Mann, der solches Wirken vor allem organisatorisch verstand, war Giacomo M. Radini Tedeschi (1857–1914), der zwei Jahre später, als er Bischof von Bergamo wurde, Roncalli zu seinem Sekretär wählte.[29] Radini Tedeschi, von aristokratischer Herkunft und nach dem Urteil der Bergamasker Geistlichkeit ziemlich autoritär, ja «monarchisch», hatte Sozialwissenschaften studiert, in Rom doziert und war während zwanzig Jahren führend in der katholischen Laien- und Sozialbewegung *Opera dei Congressi e dei Comitati Cattolici in Italia* tätig gewesen. Obwohl er sich nicht zum diplomatischen Dienst hingezogen fühlte, hatte ihn Leo XIII. ins Staatssekretariat berufen. Er galt deshalb als Anhänger von Kardinal-Staatssekretär Rampolla, als der neue Papst Pius X. den jungen spanischen Integristen Merry del Val zu dessen Nachfolger

[28] Zu den Eintragungen vom 8. und 15. Mai 1903 im «Geistlichen Tagebuch» die aufschlussreichen kritischen Bemerkungen von A. Melloni, S. 285–290. Vgl. dazu die Darstellung des alltäglichen Kontextes des «Seminaristen» Roncalli: G. Battelli, La formazione spirituale del giovane Angelo G. Roncalli. Il rapporto col redentorista Francesco Pitocchi, in: G. Alberigo, u. a., Fede, Tradizione, Profezia. Studi su Giovanni XXIII e sul Vaticano II (Testi e ricerche di Scienze religiose, 21), Paideia Editrice, Brescia 1984, S. 13–104, hier S. 76, Anm. 168; vgl. aber auch S. 40f., Anm. 66, wo es um die Wahrheit für die soziale Bewegung geht (Arbeitervereine usw.), die Roncalli schon in Sotto il Monte (Pfarrer, Lehrer, Onkel) umgab.

[29] F. Molinari, Giacomo Radini Tedeschi (1857–1914), in: Dizionario storico del movimento cattolico in Italia, 1860–1980. Band 2: I Protagonisti, Marietti, Casale Monferrato 1982, S. 527–531; G. Battelli, G. M. Radini Tedeschi e Angelo Roncalli (1905–1914), in: G. Alberigo (Hrsg.), Papa Giovanni, Laterza, Bari 1987, S. 35–66; ders., Un pastore tra fede e ideologia. Giacomo M. Radini Tedeschi, 1857–1914 (Testi e Ricerche di Scienze Religiose. Nuova serie, 1), Marietti, Genua 1988.

erkürte. Unter dem neuen Staatssekretär wurde am 28. Juli 1904 die obgenannte Organisation der *Opera dei Congressi*, deren dynamische Führung unter Beschuss einer «alten Garde» geraten war, kurzerhand aufgelöst.[30] Nicht genug damit ruhten die Anti-Rampollianer nicht, bis Radini Tedeschi vom Papst aus Rom entfernt wurde. So erhielt er 1905 als neues Wirkungsfeld das Bistum Bergamo. Roncalli, der ihn vor allem ob seiner rastlosen Visitationsreisen in alle Pfarreien in den Fussstapfen des heiligen Karl Borromäus sah, musste zusammen mit ihm erleben, dass ihn nach 1908/9 römisches Misstrauen auch in Bergamo verfolgte. Im Zuge des Antimodernismus wurde das Seminar von Bergamo einer Visitation unterzogen, worauf der Bischof widerstandslos zwei Professoren entliess. Mehr Mut bewies er im folgenden Jahr, als er – für einen Bischof ungewöhnlich – den Streik der Arbeiter einer Textilfabrik in Rancia finanziell unterstützte und auf diese Weise den (Schweizer) Fabrikherren die Stirn bot. Roncalli war in diese Affäre mitinvolviert, unterstützte er doch den Streik und die Aktion des Bischofs durch entsprechende Kommentare in der Diözesanzeitung. Überhaupt war Roncalli mit seinem Bischof sehr verbunden, und dessen Ableben am 22. August 1914 kam für ihn einer Verwaisung gleich. Noch mitten im Krieg (1916) gab Roncalli einen Gedenkband mit Zeugnissen über das Leben Radini Tedeschis heraus, das sich in der Abfolge der beiden so verschiedenen Pontifikate Leos XIII. und Pius' X. vor und nach der Jahrhundertwende abgespielt hatte.[31] Radini Tedeschi blieb für ihn der Mann der «grossen Perspektiven» und des Weitblicks (*guardare lontano!)*, der Mann auch der Entschlusskraft, der «Möglichkeiten zu ergreifen» verstand.

Aus den sozialen Kämpfen zu Beginn des Jahrhunderts gilt es

[30] G. Alberigo, Italien, in: TRE Band 16, S. 393–421, bes. 413 ff.

[31] A. G. Roncalli, Mons. Giacomo Maria Radini Tedeschi, vescovo di Bergamo. Bergamo 1916, Rom ^{3}1963; M. Casella, Lettere di don Angelo Roncalli ad Augusto Grossi Gondi per la commemorazione di mons. Radini Tedeschi (1914/1915), in: Rivista di storia della chiesa in Italia 25 (1971), S. 214–230.

einer zweiten Gestalt zu gedenken, die vielleicht noch unmittelbarer das im Vermächtnis gemeinte Engagement verkörperte: Adelaida Coari (1881–1966). Für Roncalli war sie nicht nur eng mit der Erinnerung an Radini Tedeschi verknüpft; vielmehr bestand zwischen ihm selber und ihr über Jahrzehnte ein freundschaftlicher Briefkontakt, zu dem ab 1953 (Venedig) und während des Pontifikats noch mehrere persönliche Begegnungen kamen. Bemerkenswert ist, dass der Papst in einem Brief, den er «auf der Schwelle zu meinem 78. Jahr» an die inzwischen ebenfalls 78jährige Signorina Adelaida Coari schrieb, ausdrücklich erwähnt, wie «teuer uns die Erinnerungen an Ihr Wirken von einem halben Jahrhundert sind». 1959 geschrieben, versetzt uns dieser Brief[32] somit ins *primo novecento*. Was war das für ein Wirken? Weil es wenig bekannt, aber heute von besonderem Interesse ist, will ich etwas näher darauf eingehen.[33]

Roncallis Altersgenossin – geboren am 4. November 1881, also genau 21 Tage vor ihm – war schon nach der Jahrhundertwende in Mailand in der Bewegung der katholischen Arbeiterinnen engagiert und kann gewissermassen als frühe Feministin gelten. 1903 sehen wir sie bereits auf einem grossen Katholikenkongress in Bologna «mit Engagement und grosser Lebendigkeit» die Sache der Frau vertreten, für die sich drei Jahre zuvor am Katholischen Nationalkongress in Rom (1900) Radini Tedeschi noch vergeblich ein-

[32] Giovanni XXIII, Lettere 1958–1963. In appendice documenti e appunti vari, hrsg. von L. F. Capovilla, Storia e letteratura, Rom 1978, S. 69f. (Brief vom 25. November 1958).

[33] S. Zampa, Fonti per la storia della chiesa in Italia. Il fondo Adelaida Coari, in: Cristianesimo nella storia 4 (1983), S. 173–207; dies., Obbedienza e esperienza di fede. Il carteggio Coari-Radini Tedeschi nella crisi del primo Novecento, in: ebd. 6 (1986), S. 299–380; dies., A. G. Roncalli ed Adelaide Coari: una amicizia spirituale, in: G. Alberigo (Hrsg.), Giovanni XXIII. Transizione del papato e della chiesa, Borla, Rom 1988, S. 30–50. Zur Geschichte der katholischen Frauenbewegung erwähnt S. Zampa vor allem: P. Gaiotti de Biase, Le origini del movimento cattolico femminile, Brescia 1963; A. Cimini, Adelaide Coari e il movimento femminile cattolico, in: Studia Picena 43 (1975), S. 132–200

gesetzt hatte. Ging es dabei zunächst um die Integration von Frauengruppen in die Katholische Aktion und um ihr gleichberechtigtes Stimmrecht an den Kongressen – im Kontext stand überhaupt die Rede- und Stimmfreiheit auf dem Spiel –, so muss bei Coari die Verwurzelung in der Arbeitswelt bzw. in der Gewerkschaftsbewegung beachtet werden. Sie vermittelte ihr mit der Zeit eine überkonfessionelle Perspektive, die bei Radini Tedeschi noch weniger ausgeprägt war. Kam hinzu, dass anlässlich der Auflösung des permanenten Generalkomitees der *Opera dei Congressi* im Jahre 1904 durch Merry del Val dieser in einem Zirkular ausdrücklich verfügte, den Frauen, «auch solchen mit Ansehen und Frömmigkeit», sei nie das Wort zu erteilen. Für die gesamte Mailänder Frauengruppe (Christlich-demokratischer Frauenbund), die Coari präsidierte, war dies ein Schlag ins Gesicht. «Was sollen wir jetzt, wenn wir in die Dörfer hinausgehen, den Arbeiterinnen noch sagen? Gibt es überhaupt noch ein gutes Wort für sie?» So schreibt sie in einem Brief an Radini Tedeschi, der sehr wohl ein Zeugnis dafür ist, wie «der ganze Mensch beansprucht» war. Coari suchte ein (eheloses) Leben, das bewusst in der Nachfolge Jesu stand, aber je ernster sie es damit nahm, desto radikaler sah sie sich auch zur Solidarität mit den arbeitenden Frauen herausgefordert. So trat sie von der Mitarbeit am Verbandsblatt, vom Sekretariat der katholischen Frauenzeitung *Azione Muliebre*, zurück und gründete, nicht ohne die moralische Unterstützung des Mailänder Erzbischofs, Kardinal Andrea Ferrari, eine autonomere Zeitung *Pensiero e Azione* (1904). Mit ihr geriet sie aber erst recht ins Kreuzfeuer der integralen Katholiken, und zwar ausgerechnet im Zusammenhang mit der damaligen allgemeinen Kampagne für das Frauenstimmrecht, gegen das die genannte katholische Verbandszeitung einen Ausspruch Pius' X. ins Feld führte.

Im Jahr 1907, dem wir bereits als einem Stichjahr der innerkirchlichen Modernismuskrise begegnet sind, fand in Mailand ein Kongress statt, der ein minimales Programm für die Rechte der Frau aufstellte. Coari suchte dafür den breitestmöglichen Konsens und plädierte für eine Zusammenarbeit der Katholiken mit allen politischen Kräften, die sich für ein solches Minimalprogramm gewinnen liessen. Der Kongress war denn auch offiziell «akonfessionell», was aber das aufgeschlossene lombardische Bischofstrio Ferrari, Radini Tedeschi und Bonomelli (Bischof von Cremona) nicht hinderte, sich für die Teilnahme einzuschreiben; die beiden ersten gaben sogar einen finanziellen Zuschuss. Umgekehrt stigmatisierte das Blatt *Unità Cattolica* das Treffen als «Modernistenkongress», und noch im gleichen Jahr erschien ein Buch des Geistlichen A. Cavallanti, *Modernismus und Modernisten*, worin ein ganzes Kapitel dem Feminismus als Teilaspekt einer «umfassenden und furchtbaren Häresie» gewidmet war. Zwei Jahre später war es dann so weit. Die Zeitschrift *Pensiero e Azione* und das gesinnungsverwandte Blatt des Geistlichen Don Grugni, *Tribuna sociale*, stellten ihr Erscheinen ein, wofür der Druck des antimodernistischen *Consiglio della Vigilanza* auf den Mailänder Erzbischof und dessen eigenes Zurückweichen (auch vor Anfragen Pius' X.) verantwortlich gemacht wurden.

Dieser Vorgang sowie der im Jahr darauf erfolgte Tod ihres Mitstreiters Don Grugni stürzten Coari in eine Isolierung, die sie im Gebet zu meistern suchte, während sie zur gleichen Zeit ein Engagement in dem von einem Erdbeben heimgesuchten Kalabrien und in Sizilien wahrnahm, das eine Vorstufe ihrer späteren Tätigkeit als Lehrerausbilderin und Inspektorin des Volksschulwesens darstellte. In die Lombardei zurückgekehrt, liess sie sich von der Lektüre des Franz von Sales dazu bewegen, bei Bischof Radini Tedeschi geistlichen Rat bzw. «geistliche Leitung» zu suchen, was eine Korrespondenz vom Dezember 1913 bis zu dessen Tod und, im Zusammenhang mit seinem Ableben, die Kontaktaufnahme mit Roncalli zur Folge hatte.

Roncalli seinerseits hatte sie ein erstes Mal im Jahre 1911 gesehen, nachdem er im Januar 1910 von Radini Tedeschi zum ersten Diözesankaplan der damals gerade gegründeten katholischen Frauenbewegung *(unione donne cattoliche)* im Bistum Bergamo ernannt worden war und fortan vor allem an der kulturellen und religiösen Bildung der Frauen Interesse fand. Nach dem Tod von Radini Tedeschi erbat sich Roncalli die Mitarbeit Coaris für die Biographie. Später, als er im Orient war, führten sie eine geistliche Korrespondenz. Roncalli ermunterte am 14.11.1926 die Coari, «ausserhalb des üblichen Rahmens» im Sinne der Katholischen Aktion zu wirken und sich bei ihrer Arbeit «für alle Richtungen offen zu halten». Auch was sich ausserhalb des offiziell anerkannten Rahmens bewege, gehöre zur Kirche, betonte er zwei Jahre später (12.11.1928). Er unterstützte also ihre Eigeninitiative und Eigenverantwortung als Katholikin und «Laie» und empfahl sie in diesem Sinn auch dem damaligen Redaktor von *La Civiltà Cattolica*. Zu den Themen, die sie mit Roncalli in Kontakt brachten, gehörte auch das Schicksal von Ernesto Buonaiuti, den beide – unabhängig voneinander – gekannt hatten und der bekanntlich als Modernist exkommuniziert wurde.[34] Auch ihre beiderseitigen Beziehungen zu Kardinal Ferrari spielten eine Rolle; er war ja für Roncalli – zumal nach dem Tod Radini Tedeschis – ebenfalls eine wichtige Bezugsperson, von dem aus sich für ihn dann erst noch ein Bogen zum belgischen Kardinal Mercier und dessen Ideengut spannte.

Es ist der Bologneser Historikerin Sandra Zampa zu danken, dass uns sowohl von der Korrespondenz wie auch von Aufzeichnungen Coaris über Gespräche mit Roncalli längere Zitate samt zusammenfassender Evaluation zugänglich geworden sind. In ihrer Studie über die «geistliche Freundschaft» der beiden[35] stellt sie heraus, dass Roncalli immer grossen Respekt vor der Freiheit seiner Briefpartnerin hatte und dass er sie nie andozierte, sondern selbst bei Leseempfehlungen schlicht die eigene Erfahrung ins

[34] L. Capovilla, Papa Giovanni e Buonaiuti, in: ders., XII anniversario della morte di Papa Giovanni, Storia e letteratura, Rom 1975, S. 116–121.

[35] S. Zampa, A. G. Roncalli ed Adelaide Coari: una amicizia spirituale, in: G. Alberigo (Hrsg.), Giovanni XXIII. Transizione del papato e della chiesa, Borla, Rom 1988, S. 30–50.

Spiel brachte, wenn er aus einer Lektüre Gewinn gezogen hatte. Da bei allem Takt, der Roncalli eigen war, in den Gesprächen auch das, was ihn bedrückte, der einfühlsamen Coari nicht verborgen bleiben konnte, erfahren wir in ihren Aufzeichnungen auch etwas über ihren unguten Eindruck von der «Umgebung», in die Roncalli als Papst im Vatikan geriet, und dass es ihn vor allem verletzte, wie wenig oder «gar nichts» dort das achte Gebot – «Du sollst kein falsches Zeugnis geben» – gegolten habe. Vor allem aber kehrt das zentrale Leitmotiv der Spiritualität, d. h. des gelebten Glaubens von Papst Johannes immer wieder, wofür er gerne das 3. Kapitel des 3. Buches der *Nachfolge Christi* mit den vier Weisen für einen «Weg des Friedens und der wahren Freiheit» zitierte oder noch kürzer den lapidaren Satz des Gregor von Nazianz wiederholte: *Voluntas Dei pax nostra* – «Der Wille Gottes ist unser Friede».

Auf das Vermächtnis zurückkommend gilt es vor allem festzuhalten, dass Papst Johannes von den «Anfängen unseres Jahrhunderts» nicht die negativen Phänomene erwähnt, gegen die Radini Tedeschi ankämpfte[36] und gegen die Pius X. jammerte und wetterte. Der positive Hinweis auf die sozialen Aufgaben lässt allerdings offen, wie weit sich «die Kirche» ihnen gestellt oder sie verdrängt hat. Übersehen wurde sicher sehr oft der Zusammenhang des Modernismus mit sozialen Erwartungen und Utopien; man denke nur, was die Beschäftigung mit Joachim de Fiore bei Buonaiuti an Hoffnungen auf eine «herrschaftsfreie Gesellschaft» auslöste. Desgleichen wurde in der Modernismus-Kontroverse wenig beachtet, dass ein geschichtliches Studium des Dogmas (samt historisch-kritischen Methoden in der Exegese usw.) auch etwas mit der sozialethischen, gesellschaftskritischen Mission der Kirche zu tun hat. Die Antimodernisten allerdings witterten sehr wohl die

[36] G. Battelli, Un pastore tra fede e ideologia. Giacomo M. Radini Tedeschi, 1857–1914 (Testi e Ricerche di Scienze Religiose. Nuova serie, 1), Marietti, Genua 1988, v. a. S. 349–443.

Zusammenhänge. Schon die *Opera dei congressi* wurde als «Modernismus in sozialem Gewand» angegriffen, und Pius X. wird die Äusserung zugeschrieben, die soziale Bewegung vertrete zwar weniger gravierende Irrtümer als der Modernismus, sie sei aber, weil attraktiver, um so gefährlicher.

Man hat also zwar die «soziale Frage» mit dem Modernismus verknüpft, aber der Zusammenhang wurde auf der falschen Ebene, in der falschen Richtung artikuliert. Man ging vom Problem der Häresie als doktrinärer «Neuerung» aus und blickte von da aus auf die geschichtliche Bewegung, statt umgekehrt.[37] Dieser Fehler hat Tradition: Denken wir, wie zur Zeit der Armutsbewegung Waldenser und Albigenser als Häretiker verfolgt wurden, während Franziskus das positive Anliegen aufnahm. Ähnlich betrachtete man kirchlicherseits die proletarische Arbeiterbewegung unter dem Blickwinkel des Atheismus, statt umgekehrt zu fragen, wieso die Bewegung der Arbeitermassen atheistisch wurde. Und der Fehler setzt sich in unseren Tagen fort, wenn aus lauter Angst vor einer basiskirchlichen Ökumene einer effektiven Zusammenarbeit im Hinblick auf die Menschheitsprobleme Gerechtigkeit, Frieden und Bewahrung der Schöpfung auf Weltebene (Seoul 1990!) unter Berufung auf die Rolle der Kirchenleitungen von seiten Roms ein Riegel vorgeschoben und mit demselben Misstrauen reagiert wird wie in den siebziger Jahren gegen die angeblich zu «selbständig» gewordene nachkonziliare Zusammenarbeit zwischen der katholischen *Justitia et pax* und dem Weltkirchenrat im *Sodepax*: Kaum angelaufen, wurde sie wieder aufgekündigt.[38]

Wenn sich nun bei Papst Johannes dank Radini Tedeschi und

[37] Zu «Moderne» als einem positiven wie negativen Kampfbegriff vgl. H. U. Gumbrecht, Modern, Modernität, Moderne, in: O. Brunner u. a. (Hrsg.), Geschichtliche Grundbegriffe. Band 4, Stuttgart 1978, S. 93–131.

[38] Diese gemeinsame Kommission des Ökumenischen Rates der Kirchen und der katholischen Kirche für Gesellschaft, Entwicklung und Frieden (SODEPAX) wurde 1968 gegründet und Ende 1980 aufgelöst.

Adelaida Coari und vielleicht noch anderer «apostolischer Seelen», von denen er hörte, positive Erinnerungen mit der Herausforderung der «sozialen Frage» verbanden, so werden sie auch daran Anteil haben, dass er selber, obwohl bäuerlicher Abkunft, für die Probleme des industriellen Proletariats sensibel wurde. Die eigentliche Triebfeder seiner sozialen Aufgeschlossenheit aber war – nach dem Zeugnis Coaris – seine innerste Hinneigung zu den je Ärmsten und Elendesten. In der Dritten Welt sind das weithin die *Campesinos*, die land- und rechtlosen Kleinbauern, und deshalb wurde Johannes' Sozialenzyklika *Mater et magistra* (1961)[39], die bekanntlich auch die Lage der Landbevölkerung ins Blickfeld rückte, gerade dort aktuell. Von noch unmittelbarerer und weittragenderer Wirkung war seine Parole von der «Kirche der Armen» in der Radiobotschaft vom 11. September 1962, einen Monat vor Eröffnung des Konzils.[40] Geradezu als «Wende aber wurde – mindestens von den Betroffenen wie Adelaida Coari – empfunden, was Johannes' letzte Enzyklika zur Emanzipation der Frau sagte. Während frühere kirchliche Äusserungen diesen Vorgang entweder ignorierten oder gar als «Degeneration» taxierten, sieht dieses Papstwort im solidarisch-organisierten Auftreten der Frau ein «Zeichen der Zeit» und eine Herausforderung zur Anerkennung ihrer Würde. Das Konzil hingegen hat sowohl in der Pastoralkonstitution *Kirche und Welt* (Nr. 9; Nr. 62) als auch im Dekret über das Laienapostolat (Nr. 9) die Chance verpasst, mit einem spürbaren Engagement diese Äusserung – besonders im Hinblick auf das kirchliche Leben – konkretisierend aufzunehmen und wei-

[39] Zu «Mater et magistra» vgl. u. a. O. von Nell-Breuning, Fixiertes in Bewegung bringen, in: Orientierung 43 (1979), S. 226f.; M.-D. Chenu, La «doctrine sociale» de l'Eglise comme ideéologie, Cerf, Paris 1979, S. 39–67.

[40] DMC IV, S. 519–528; auch in Giovanni XXIII. Il concilio della speranza. Introduzione di A. e G. Alberigo, Messaggero, Padua 1985, S. 257–270; deutsch: Herder Korrespondenz 17 (1962/63), S. 43–46. Zum Thema «Kirche der Armen» vgl. M.-D. Chenu, «Kirche der Armen» auf dem Zweiten Vatikanischen Konzil, in: Concilium 13 (1977), S. 232–235; G. Lercaro, Per la forza dello Spirito. Discorsi conciliari, Dehoniano, Bologna 1984, S. 112–179.

terzuführen. So blieb es hinter Papst Johannes zurück. Das gilt auch für die Hauptfrage, die die Anfangsworte der letzten Enzyklika ankündigen: *Pacem in terris.*

Das Wort «Friede» kommt im Vermächtnis nicht vor, aber es liegt nahe, in der Passage über die «Herausforderung der letzten 50 Jahre» – die dritte Zeitangabe! – einen Hinweis auf die Entwicklung seit dem Ausbruch des Ersten Weltkriegs zu sehen. Denn nicht die Jahrhundertwende, sondern der 1. August 1914 war der Einschnitt in der Geschichte, der eine neue Epoche begründete. Papst Johannes spricht im Kontext von der «Konfrontation» mit «neuen Realitäten» und von einem «tieferen Glaubensverständnis»: Ein solches ist offenbar Voraussetzung für die Annahme neuer Realitäten. Ausdrücklich spricht er davon, dass wir «gerade anfangen, das Evangelium besser zu verstehen». Hier möchte man fragen: in bezug worauf? Die Antwort muss wohl lauten: im Hinblick auf eben die neuen Realitäten, was uns das Evangelium dazu zu sagen hat bzw. was uns in dieser Situation am Evangelium neu aufgehen kann.

Johannes XXIII. hat die beiden Weltkriege erlebt, den ersten als Feldkaplan, den zweiten als Nuntius im Angesicht der Flüchtlings- und der Hungersnot vor allem in Griechenland. Schliesslich war er als Papst vierzehn Tage nach Eröffnung des Konzils mit der Möglichkeit eines am Kuba-Konflikt sich entzündenden dritten Weltkriegs konfrontiert.[41] Damals erhielt er den Impuls für seine oben genannte Enzyklika *Pacem in terris*. Anders als die Eröffnungsrede zum Konzil ist sie zwar nicht bis in die Einzelheiten von ihm verfasst – er übertrug diese Aufgabe dem Soziologen an der Lateran-Universität, Msgr. Pietro Pavan. Trotzdem darf sie seines Geistes Kind genannt und ebenfalls als ein Vermächtnis angese-

[41] M. Toschi, Giovanni XXIII e la pace, in: G. Alberigo (Hrsg.), Giovanni XXIII. Transizione del papato e della chiesa, Borla, Rom 1988, S. 151–173.

hen werden.[42] Speziell die Kennzeichnung einiger Phänomene – wir nannten oben die Emanzipation der Frau – als «Zeichen der Zeit» wird ihm persönlich zugeschrieben. Der Ausdruck hat für ihn schon in einem Tagebucheintrag vom Jahre 1902 (Kaiser Wilhelm II. auf dem Weg zum Vatikan) einen positiven Akzent, desgleichen erst recht in *Pacem in terris* und so auch im Vermächtnis vom 24. Mai, wo es wörtlich heisst, es seien *in* den Zeichen die Chancen oder «Gelegenheiten» wahrzunehmen oder, wie wir übersetzt haben, die «Möglichkeiten zu ergreifen» (riconoscere i segni dei tempi, di coglier*ne* le opportunità e guardare lontano). In diesem positiven Akzent liegt das Prophetische, wie Jesus von den «Zeichen» für das anbrechende Gottesreich sprach, und dies gilt es um so mehr festzuhalten, als die römische Bischofssynode, die 1985 den «zwanzig Jahren» nach Abschluss des Konzils gewidmet war, den Ausdruck «Zeichen der Zeit» für negativ eingeschätzte Phänomene dieser Zeitspanne beansprucht hat.[43]

Doch wenden wir uns dem zentralen Thema von *Pacem in terris* zu. Fest steht, dass Papst Giovanni seit der Kuba-Krise von der Friedensfrage dermassen umgetrieben war, dass er das Erscheinen der Enzyklika auch gegen Widerstände der Kurie persönlich beschleunigte. Ebenso lag ihm daran, dass sein Rundschreiben nicht nur an «Hirten und Gläubige», sondern «an alle Menschen guten Willens» gerichtet sei. Als es dann Mitte April 1963 erschien, wusste er bereits, dass seine Tage gezählt waren. Zum letzten Mal wandte er sich an das Diplomatische Korps. Er machte deutlich, dass angesicht der neuen Waffen der Krieg in keinem Fall mehr ein praktikables Mittel zur Wiederherstellung von Rechten sein könne.[44] Dasselbe sagte er, schon deutlich von der Krankheit gezeichnet, bei der Verleihung des Internationalen Balzan-Preises

[42] Vgl. dazu die Eintragung vom 15. April 1962 durch L. Capovilla: ders., Giovanni XXIII. Quindici letture (vgl. Anm. 7), S. 453.

[43] L. Kaufmann, Bischofssynode '85: Erfahrungen ohne Worte? in: Orientierung 50 (1986), S. 9–12.

[44] DMC V, S. 194-198.

am 10. Mai 1963.[45] Die alte Theorie vom «gerechten Krieg» war, so können wir im Licht des Vermächtnisses verdeutlichend schlussfolgern, aus dem «tieferen Glaubensverständnis», aus der Dynamik des «besser verstandenen Evangeliums», nicht mehr zu halten.

In der Enzyklika lautet der diesbezügliche Satz: «Darum ist es in unserer Zeit, die sich des Besitzes der Atomkraft rühmt, sinnlos, den Krieg als geeignetes Mittel zur Wiederherstellung verletzter Rechte zu betrachten.» Wir finden diesen Satz als Anmerkung und Referenz im 5. Kapitel des 2. Teils der Pastoralkonstitution *Gaudium et spes*, aber das Konzil hat ihn sich nicht voll zu eigen gemacht. Im Text heisst es lediglich, mit der Fortentwicklung der modernen Waffensysteme wüchsen der Schrecken und die Verwerflichkeit des Krieges «ins Unermessliche», und all dies «zwinge» die Konzilsväter dazu, die Frage des Krieges mit einer ganz neuen inneren Einstellung zu «prüfen». Verurteilt wird dann aber doch nur der «totale Krieg», und das Konzil hat nicht einmal formell und direkt jeden Angriffskrieg verdammt. Es fällt uns heute schwer, zu glauben oder gar zu begreifen, dass es während des Konzils mehrheitlich die nordamerikanischen Bischöfe waren, die die Überzeugung hegten, gegen die Sowjetunion könnte es vielleicht doch einen «gerechten Krieg» geben. Als sie dann nach Beginn der achtziger Jahre ihren berühmten Hirtenbrief zur Frage der Abschreckung durch Atomwaffen erarbeiteten und verabschiedeten, wurde seitens des Präfekten der römischen Glaubenskongregation der Tadel laut, einer Bischofskonferenz komme es nicht zu, sich auf diese Weise lehramtlich zu äussern.[46] War damals in den USA aber nicht der Prozess des besser verstandenen Evangeliums weitergegangen?

[45] DMC V, S. 148–151 und 241–255.

[46] Vgl. dazu das Treffen einer Delegation der amerikanischen Bischofskonferenz mit Vertretern der Bischofskonferenzen von Frankreich, Belgien, Italien, Grossbritannien, der Niederlande und der Bundesrepublik Deutschland unter dem Vorsitz von Kardinal J. Ratzinger am 19. und 20. Januar 1983, dokumentiert in: DC 1983, S. 710–715.

Zurück zu Johannes XXIII.: Bei den beiden genannten letzten Auftritten auf dem diplomatischen und internationalen Parkett sprach Johannes auch von der Friedensaufgabe der Kirche. Sie könne, sagte er, nicht «ausserhalb» bleiben, in einer «rein passiven» Neutralität, die *de facto* einer *splendid isolation* gleichkam. Ebensowenig dürfte sie sich parteiisch einer Seite mehr als der andern zuwenden, ihr falle vielmehr die Rolle einer aktiven Neutralität im Sinne eines Zeugnisses der Kirche für friedensstiftendes Handeln zu. Diese Position hat Papst Johannes nicht nur im Sinne einer neuen Universalität als Doktrin vertreten, er hat sie auch selber praktiziert. Hierhin gehört sein Abrücken von der einseitig antikommunistisch-atlantisch orientierten Position seines Vorgängers, hierhin gehören seine Gesten und vermittelnden Appelle während der Kubakrise, hierhin gehört auch seine so viel geschmähte Privataudienz für das Ehepaar Adjubei, Tochter und Schwiegersohn Chruschtschows.[47]

Man kann heute wissen, dass diese Audienz nach eingehender Beratung gewährt wurde, und es ist uns eine Notiz erhalten, worin Papst Johannes beteuert, er müsste sein ganzes bisheriges Leben und Wirken verleugnen, würde er sich dieser Begegnung verweigern.[48] Warf er so seine Person in die Waagschale, demonstrierte er zugleich die Einheit von Person und Amt.

«Wem immer er in seinem Amt begegnete, und welcher Art und Richtung der auch sein mochte, er konnte sich nicht anders geben als der, der er war», schrieb Adelaida Coari über ihn,[49] und dieselbe Einheit spüren wir, sooft wir, wieder und wieder, sein Ver-

[47] Neben dem Aufsatz von M. Toschi (vgl. Anm. 41) vgl. auch G. Zizola, L'utopie du pape Jean, Seuil Paris 1978; ders., Giovanni XXIII. La fede e la politica, Laterza, Rom und Bari 1988, ausserdem Giovanni XXIII, Lettere (vgl. Anm. 32); vgl. die Chronologie der Beziehungen zwischen Chruschtschow und Johannes XXIII, S. 339f. und S. 454ff. (Bericht über die Audienz).

[48] Zitiert bei G. Zizola (vgl. Anm. 47), S. 176.

[49] S. Zampa, A.G. Roncalli ed Adelaida Coari: una amicizia spirituale (vgl. Anm. 35), S. 50.

mächtniswort lesen: Wie da eigene Biographie und eigene Erfahrung eingegangen sind in Grundeinstellungen und Grundoptionen, die die ganze Kirche betreffen! Nicht anders sehen wir Amt und Person in eins verschmelzen, wenn wir uns jetzt noch seiner weittragendsten konkreten Entscheidung zuwenden: der Einberufung des Zweiten Vatikanischen Konzils.

Welches Konzil?

Wir haben weiter oben die Frage zurückgestellt, welche Erfahrungen Angelo Roncalli direkter für die Inspiration, ein Konzil einzuberufen, vorbereitet haben. Die Frage drängt sich auch vom Vermächtnis her auf, insofern da an zentraler Stelle die Konzilseröffnung erwähnt wird, so dass sie selber als Antwort auf das erscheint, was mit den Worten «Situation», «Herausforderung» usw. insinuiert wird. Nun ist freilich von der Ankündigung und Einberufung über die Vorbereitung bis zur Eröffnung und begonnenen Durchführung des Konzils ein ganzer Weg. Es geht also nicht nur darum zu fragen, wie es dazu kam, *dass* ein Konzil einberufen wurde. Vielmehr müssen wir zugleich zu verfolgen versuchen, von welchen Wahrnehmungen, Überlegungen und Optionen her der Gedanke bei Papst Johannes reifte und Gestalt annahm, *was für ein* Konzil es sein sollte und werden könnte. Ich meine damit nicht den Versuch zu einer historischen Rekonstruktion, wie er vielleicht einem Biographen zukommt; es muss mir genügen, an einigen Äusserungen und Handlungen des Papstes zu zeigen, wie und in welche Richtung sich sein Konzilskonzept entwickelt hat. Zu Hilfe kommt mir dabei, ausser dem bereits erwähnten Aufsatz G. Alberigos, der die Zeit des Patriarchats von Venedig (1953–1958)[50] auf allfällige wegbereitende Erfahrungen und Überlegungen abtastet, eine vom gleichen Verfasser und sei-

[50] Vgl. Anm. 11.

ner Frau Angelina herausgebrachte und sehr ansprechend eingeleitete Auswahl von mündlichen und schriftlichen Äusserungen aus den viereinhalb Jahren des Pontifikats (1958–1963).[51] Zur Frage, wie weit es in der Konzilsfrage kontinuierliche oder teilweise widersprüchliche Entwicklungen im Verlauf des Pontifikats gab, konsultiere ich schliesslich eine «Wegbeschreibung», wie sie der in Neapel wohnende Senator, Prof. Boris Ulianich, unter dem Titel *Un papa, un itinerario* veröffentlicht hat.[52]

Dass die Idee, ein Konzil abzuhalten, kein «plötzlicher Einfall» war und dass sie von Papst Johannes an jenem denkwürdigen 25. Januar 1959 vor den zum Abschluss der Weltgebetswoche in St. Paul vor den Mauern versammelten Kardinälen nicht etwa wie ein «Versuchsballon» gestartet wurde, wird jedem klar, der sich länger mit seinem Leben und Wirken befasst. Wenn er selber darin ein Geschenk des Himmels und keine Einflüsterung von «aussen» sah, so schliesst eine solche «Inspiration» oder Intuition als zugleich empfangender und schöpferischer Vorgang so wenig vorausgegangene Überlegungen aus, wie etwa die Diagnose, zu der ein Arzt in einem bestimmten Augenblick, in dem er handeln muss, gelangt. Dabei ist allerdings gleich auf die Unähnlichkeit in dieser Analogie hinzuweisen: Während der Arzt sowohl auf sein bisheriges Wirken als auch auf sein langes Medizinstudium zurückgreifen kann, hat Roncalli nie ein «Studium zum Papstwerden» auf sich genommen: Erst hinterher geht ihm auf – das Vermächtnis zeigt es –, wie sein Lebenslauf auf der «Weltstrasse von Orient zu Okzident»[53] ihm zur Vorbereitung wurde. Diesen «Lauf» zu bedenken ist denn auch insgesamt ergiebiger, als eine Suche nach gewissermassen prähistorischen Vorzeichen, die – aufgrund von Zeugnissen der Gesprächspartner – bereits aus Istan-

[51] A. und G. Alberigo, Giovanni XXIII. Il concilio della speranza, Messaggero, Padua 1985.

[52] In: Bozze 2 (1979), S. 31–76.

[53] Am 15. März 1953, zugänglich in: A. und G. Alberigo, Giovanni XXIII. Profezia nella fedeltà, Queriniana, Brescia 1978, S. 207–210.

bul, Paris und Venedig private Äusserungen Roncallis über die Wünschbarkeit eines Konzils zutage fördert.

Dass schon unter Pius XII. ein mögliches Konzil in Kreisen der kirchlichen Diplomatie zum Gesprächsthema werden konnte, braucht uns heute nicht mehr zu erstaunen. Gewiss gibt es Gründe, in Pius XII. sozusagen den Gipfelpunkt einer papalistischen Entwicklung zu sehen, die ein Konzil als überflüssig erscheinen liess. Aber die geschichtliche Wahrheit ist die, dass Pius XII. selber ein Konzilsprojekt ins Auge fasste und entsprechende Vorarbeiten in Auftrag gab.[54] Das erklärt auch, dass während des Konklaves, aus dem Roncalli als Papst hervorging, das Thema «Konzil» ausgerechnet von seiten Kardinal Ottavianis zur Sprache kam. Konzilsprojekte geisterten also durchaus in einigen Köpfen herum; aber es handelte sich um fallengelassene Projekte und abgebrochene Vorarbeiten, darunter solche, die in die ominöse Enzyklika *Humani generis* (1950) eingegangen waren. Als Papst Johannes die Einberufung eines Konzils den Kardinälen drei Monate nach seiner Wahl als beschlossene Sache zur Kenntnis brachte, reagierte deshalb die Gruppe um Ottaviani nicht, wie manche das gesehen haben, mit Obstruktion, wohl aber war sie darauf aus, das zur Geltung zu bringen, was sie aus ihren Schubladen ziehen konnte. Wenn wir demgegenüber das Heranreifen eines spezifischen Konzilskonzepts bei Papst Johannes feststellen können, so ist es nicht verwunderlich, dass er früher oder später mit *anderen*, vorausgegangenen Konzilskonzepten zusammenstiess und in Gegensatz geriet.

Eine erste Frage, die sich stellen lässt, ist die nach eigenen synodalen Erfahrungen Roncallis. Alberigo verweist auf die Diözesan-

[54] Dazu die einzelnen Nachweise bei: G. Alberigo, Giovanni XXIII e il Vaticano II, in: ders., Papa Giovanni (vgl. Anm. 18), S. 211–244, bes. S. 232ff.; zu ergänzen nun durch: G. Butturini, Per un concilio di riforma: una proposta inedita (1939) di Celso Costantini, in: Cristianesimo nella storia 7 (1986), S. 87–223.

synode in Bergamo, die Radini Tedeschi in Angriff nahm, während Roncalli sein Sekretär war, ferner auf die Diözesansynode, die Roncalli selber, Patriarch geworden, in Venedig durchführte. Er glaubt aber nicht, dass dies ausschlaggebende Erfahrungen waren. Beschäftigt hat Roncalli sicher die kollegiale Zusammenarbeit der französischen Kardinäle und Erzbischöfe, worin die Kirche Frankreichs zu jener Zeit anderen weit voraus war.[55] Auch die uralte synodale Tradition der Orientalen hat ihn gewiss nicht ganz unberührt gelassen. Aber wie schon weiter oben vermerkt, galt sein ganz persönliches, über Jahrzehnte hinweg gepflegtes Interesse der bergamaskisch-borromäischen Verwirklichung des Konzils von Trient.[56] Dieses Konzil hatte es mit Reform und Erneuerung in einer Epoche des Umbruchs zu tun, und genau das interessierte Roncalli. Alberigo zeigt, wie vor allem dieses Bewusstsein von grundlegenden Mutationen in der Gesellschaft in ihm lebte und immer wacher wurde. Ein wichtiges Mutationselement waren die «jungen Völker», die wie Algerien – Roncalli hat es von Paris aus besucht – im Verlauf der fünfziger Jahre die Unabhängigkeit anstrebten. Das Ende des Kolonialzeitalters bildete auch für die Kirche eine Herausforderung: Mussten sich nicht auch die «jungen Kirchen» aus der kolonialen Abhängigkeit, zum Beispiel die algerische Kirche von der französischen, die zairische von der belgischen, abnabeln? War nicht auch der römische Zentralismus und Paternalismus ihnen gegenüber fragwürdig, anachronistisch geworden? War es nicht Zeit, dass sich die alten «Missionssprengel» und Missionsreviere als selbstverantwortliche Ortskirchen «artikulieren», vielleicht auch untereinander mehr zusammenschliessen konnten?

Ich behaupte nicht, dass Roncalli all diese Fragen der inner-

[55] Wie Nuntius Roncalli dies einschätzte, wissen wir mangels Erschliessung der Quellen (Staatssekretariat) bisher nicht.

[56] A. Melloni, Il modello di Carlo Borromeo negli studi e nell' esperienza di Angelo Giuseppe Roncalli, in: Rivista di storia e letteratura religiose 23 (1987), S. 68–114.

kirchlichen Umorganisation und Umorientierung genau so gestellt hat. Aber das Bewusstsein, dass die Kirche angesichts der «neuen Realitäten», ja angesichts der epochalen Veränderungen auf der ganzen Welt ebenfalls der Veränderung bedürfe, wenn sie nicht zum blossen «Museum» herabsinken wollte, muss in Roncalli, zumal in seiner Venediger Zeit, gewachsen sein.[57] Jetzt war er erstmals vollamtlich «Seelsorger», wie er es sich zeitlebens gewünscht hat, wenn anders dieses Wort die Sorge für die Menschen in ihren konkreten Situationen bedeutet. Jetzt gebraucht er auch erstmals das Wort *aggiornamento*, das aus der Sprache der Buchhalter stammt: Die Bücher müssen *à jour* gebracht werden, und die Kirche muss auf die Höhe der Zeit kommen.[58] Mit anderen Worten: Roncalli in seiner pastoralen Verantwortung hatte keine Angst vor dem Neuen, sondern schaute frei von Nostalgie in die Zukunft, wie es zum Beispiel in einem Fasten-Hirtenbrief von 1955 bezeugt ist.[59]

Aber er hatte im Hinterkopf immer auch die «grosse Tradition» von «zwanzig Jahrhunderten». Einige bewusst mitgefeierte Gedenktage haben nachgeholfen. So fiel in seine Istanbuler Zeit die 1600-Jahrfeier des Todes von Konstantin, und an drei Zentenarfeiern von Konzilien (Nikaia: 325/1925, Ephesus: 431/1931 und Lyon: 1245/1945) hielt er Ansprachen, die eine Beschäftigung mit ihrer Geschichte voraussetzten. Er wusste also, dass die Kirche

[57] «Wir sind nicht auf der Erde, um ein Museum zu hüten, sondern um einen Garten voll von Leben zu pflegen...», zitiert bei G. Alberigo, Teologia fra tradizione e rinnovamento nel magistero del Patriarca Roncalli, in: V. Branca, u. a. (Hrsg.), Angelo Giuseppe Roncalli. Dal Patriarcato di Venezia alla Cattedra di San Pietro, L. S. Olschki, Florenz 1984, S. 15–28, hier S. 27.

[58] Einberufungsdekret und die Ansprachen während der Diözesansynode (1957) sind gekürzt veröffentlicht in: A. und G. Alberigo, Giovanni XXIII. Profezia nella fedeltà (vgl. Anm. 53), S. 247–254; das Wort «aggiornamento» wird im Einberufungsdekret gebraucht (S. 247f.); S. Ferrari, I sinodi diocesani di Angelo Guiseppe Roncalli, in: Cristianesimo nella storia 9 (1988), S. 113–133.

[59] «Al tempo *che era* preferisco il tempo *che è*», so im Fastenhirtenbrief vom 23. Februar 1955, vgl. in: A. und G. Alberigo, (Anm. 58), S. 213–220, hier S. 214.

immer wieder, wenn neue Probleme auftauchten und Umbruchsituationen eintraten, zum Mittel der «Versammlung» griff und «Konzil» feierte. Nach Alberigo ist es ausgemacht, dass dieser Blick auf die Kirchengeschichte für Roncalli ganz wesentlich etwas mit seinem Glauben zu tun hatte, dass er das Mittel des Konzils als «providentiell» ansah, als Mittel nämlich, das der Kirche zur Selbsterneuerung, zur Aktualisierung des Evangeliums, zur je neuen Begegnung mit Christus als zu ergreifende Möglichkeit angeboten war. Das hiess aber zugleich, dass er in das Konzil selber als Versammlung vieler Kräfte und Gaben sein Vertrauen setzte. Vielleicht darf ich hier anführen, wie ein süditalienischer Pfarrer seinen Gläubigen das Konzil erklärte und wie es mir eine schlichte Hörerin weitererzählt hat. Der Pfarrer sagte: «Der Heilige Vater sah die grossen Probleme der Welt. Er wurde gewahr, dass er mit seiner näheren Umgebung da nicht mehr zurecht kam. Und so rief er von den Enden der Erde das Konzil zusammen.»

In diesem Satz ist bündig das Bedürfnis nach einem Konzil mit der Bedürftigkeit des Papstes inmitten eines Stabs von Kardinälen und Monsignori ausgedrückt. Dass sich aber «der Papst» solcherart als bedürftig fühlte, hatte, wie Ulianich besonders eindrücklich zeigt, mit der Kontinuität zu tun, die zwischen Angelo Roncalli und Johannes XXIII bestand. Beide verband das tiefe Bewusstsein: «Gott ist alles, ich bin nichts» (*Dio è tutto, e io sono nulla*)[60] Dafür lassen sich verschiedene Zeugnisse anführen, von der Wahl des Namens Giovanni (er wählt den «Seriennamen», der bisher schon am meisten Träger auf sich vereinigt hat) bis zu der Feststellung, dass er nach wenigen Wochen den Eindruck hat, er sei in

[60] Hinweise bei Ulianich (vgl. Anm. 52), S. 34ff.; gemeint ist die Eintragung vom 16. Dezember 1902: «Dio è tutto: io sono nulla. E per oggi basta.» (Geistliches Tagebuch, S. 209). Zum Verständnis dieser Aussage sind die täglichen Notizen zwischen dem 16. und 20. Dezember 1902 heranzuziehen; vgl. die ausführliche Interpretation bei G. Battelli (Anm. 28), S. 24–30.

seinem neuen Amt «zu Hause» als ob er da schon immer gewohnt hätte.[61] Die beiden, Angelo und Giovanni, wachsen somit zusammen, ohne dass daraus eine Hybris des Amtes wird. Das Selbstverständnis des ersten verändert das Amtsverständnis des zweiten, nicht umgekehrt. Nicht von ungefähr hat sich ein Ausspruch von ihm wie ein Bonmot der Nachwelt eingeprägt: «Jeden Morgen beim Aufstehen sagt mir der Schutzengel: ‹Angelo, nimm dich nicht so wichtig›.» Auch die andere Anekdote von dem Gespräch mit jungen Seminaristen, auf das er sich einliess, passt hier hin. Sie sprechen ihn auf die ihm als Papst zukommende Unfehlbarkeit an. Er verweist sie auf die wichtige Einschränkung, wie sie das Erste Vatikanum formuliert hat: «Nur wenn der Papst *ex cathedra* spricht». Und dann kommt der durchaus ernstgemeinte, sehr bedenkenswerte Schlusssatz: «Ich werde nie *ex cathedra* sprechen.»

Für Ulianich ist ausschlaggebend, dass sich der neugewählte Papst am 4. November 1958, dem Karl-Borromäus-Tag und seinem Krönungstag, am Bild des guten Hirten nach Kapitel 10 des Johannesevangeliums orientiert, wie er dies schon als Patriarch von Venedig getan hat: «Pastor» zu sein, dies mache den Kern (die «Substanz») des Papstamtes aus, alles andere seien nur *Accessoires*.[62] Ulianich spricht geradezu von «Osmose von Person und Amt», als er eine Notiz aus Giovannis Tagebuch vom 13. August 1961 zitiert, wonach «Glaube, Hoffnung und Liebe» die Ehre eines Bischofs ausmachen.[63] Auf derselben «pastoralen» Linie ist es zu sehen, wie Giovanni gleich von Anfang an das Amt des Ortsbischofs von Rom betont, die römischen Pfarrer begrüsst und bei Kranken und Gefangenen als den kontaktbedürftigsten Vertretern der Stadtbevölkerung seine ersten Besuche macht. Dahin gehört auch, dass Giovanni noch vor dem Konzil eine römische Diö-

[61] L. Capovilla, Giovanni XXIII. Quindizi letture (vgl. Anm. 7), S. 496.
[62] DMC I, S. 10–14.
[63] Geistliches Tagebuch, S. 716–719.

zesansynode durchführt, obwohl spektakuläre Ergebnisse ausbleiben und die Erwartungen ans Konzil davon einen spürbaren Dämpfer erhalten. An dieser Diözesansynode war somit das «dass» wichtiger als das «wie», und wichtig war der Parallelismus, den Papst Johannes bei der Ankündigung vom 25. Januar 1959 zwischen ihr und dem Konzil herstellte. Es ging ihm dabei darum, den Zusammenhang zwischen seinen zwei Funktionen als «Bischof von Rom» und als «Pastor der Universalkirche» zu verdeutlichen.

Ungewöhnlich war die Synode und ungewöhnlich war das Konzil, und die erste Reaktion der Kardinäle war «kühl». Man kann auch nicht behaupten, dass Papst Johannes Himmel und Erde bewegt hätte, um das «Heilige Kollegium» zu motivieren. Das entscheidende Stichwort in der Ankündigungsrede lautet *rinnovamento* – Erneuerung. Im Hintergrund steht die «neue Kraft», die die Kirche durch das Konzil von Trient gewonnen und womit sie Phänomene der Dekadenz überwunden hat.[64] Auch was bei der Ankündigung ausbleibt, ist bemerkenswert: kein Hinweis auf ein neues Dogma, obwohl die gängige Vorstellung die Institution Konzil wesentlich mit der Fällung dogmatischer Entscheidungen verknüpft sah. Ebenso fehlt ein Hinweis auf das unvollendete Vatikanum I. Es geht also nicht darum, an dem, was damals an Entwürfen liegengeblieben ist, anzuknüpfen und ein vorzeitig abgebrochenes Konzil neunzig Jahre später zum Abschluss zu bringen.[65] Was das Konzil sein und bewirken könnte, wird in einem mehrgliedrigen Satz ausgesprochen: Auf der Ebene der Doktrin soll es zur erneuerten Bejahung (*affermazione*) und auf derjenigen der Disziplin zu «weisen Anordnungen» kommen, damit so, wie schon früher, zu Zeiten der Erneuerung (*in epoca di rinnova-*

[64] DMC I, S. 129–133; auch in: Il concilio della speranza (vgl. Anm. 40), S. 71–78; G. Caprile, Il Concilio Vaticano II. L'annunzio e la preparazione 1959–1962. Band 1, erster Teil 1959–1960, Rom 1966, S. 46–54.

[65] Am 7. Dezember 1959 kündet Johannes XXIII. bereits an, dass das Konzil Vatikanum II genannt werden soll: DCM II, S. 49–56, S. 55.

mento) «Klarheit im Denken» und eine grössere «Dichte» in der religiösen Einheit zustande komme. Der Papst erwartet sich ferner «Freude» beim ganzen christlichen Volk und spricht auch von «erneuerter Einladung an die Gläubigen der getrennten Kirchen», an der «Suche nach Einheit und Gnade teilzunehmen». Nach Capovilla sagte der Papst wirklich «Kirchen», aber gedruckt wurde «Gemeinschaften».[66] Das ökumenische Echo auf die Ankündigung war beträchtlich, ja im ersten Augenblick übertrieben – manche verstanden «Unionskonzil» –, und innerhalb der katholischen Kirche erhielten verschiedene Bewegungen – die liturgische, die biblische – Auftrieb. Nicht zuletzt in den Kreisen aktiver Laien gab es ein Aufatmen.

Bekanntlich kamen dann bald einmal Hunderte von Eingaben aus aller Welt, die ein sehr breites Spektrum von Anliegen offenbar machten. Diese Offenheit für Anregungen aus den verschiedensten Richtungen war die positive Kehrseite der Tatsache, dass Papst Johannes mit der Ankündigung des Konzils keine Hinweise auf ein Programm verband. Verfolgen wir aber seine nächsten Schritte, so fällt zweierlei auf. Erstens die Schaffung einer ausserhalb der Mauern der Vatikanstadt gelegenen, für jedermann zugänglichen Anlaufstelle für die Kontakte mit den «getrennten Brüdern» bzw. den Schwesterkirchen und bald auch mit den Juden: das zu Recht berühmt gewordene «Sekretariat zur Förderung der Einheit der Christen», wovon oben schon die Rede war. Sie erfolgte an Pfingsten 1960, zur gleichen Zeit wie die Einsetzung der verschiedenen, nach thematischen Bereichen aufgegliederten Vorbereitungskommissionen.[67] Zweitens gibt es viele Anzeichen dafür, wie sehr den Papst in wachsendem Mass die Probleme der «Welt» beschäftigten: Krieg und Frieden, Atomwaffen,

[66] Vgl. dazu die Hinweise bei B. Ulianich (vgl. Anm. 52), S. 66.

[67] S. Schmidt, Giovanni XXIII e il Segretariato per l'unione dei cristiani, in: Cristianesimo nella storia 8 (1987), S. 95–117; zum Briefwechsel zwischen Erzbischof Jaeger aus Paderborn und P. A. Bea vgl. H. Bacht, Kardinal Bea: Wegbereiter der Einheit, in Catholica 35 (1981), S. 173–188.

Hunger, Menschenrechte, Rechte der unterentwickelten Völker usw. Mit Ulianich dürfen wir sagen, dass eine allgemeine Atmosphäre des «Suchens» einsetzte. Dass Papst Johannes für die Erwartungen der Menschen und der Völker sensibel war, beweist, über die Enzyklika *Mater et magistra* vom 15. Mai 1961 hinaus, die Einberufungsbulle zum Konzil vom 25. Dezember des gleichen Jahres.[68] Man spürt, dass es ihm nicht um ein abstraktes Menschenbild geht, sondern dass er sich den konkreten Situationen nähern will. Zur gleichen Zeit erfolgt die Öffnung gegenüber den internationalen Organisationen, und zwar nicht nur gegenüber der FAO (Welternährungsorganisation) und der UNESCO, sondern auch gegenüber der UNO, die Pius XII. noch eher mit Misstrauen betrachtet hatte.

Alle diese Öffnungen scheinen allmählich dazu geführt zu haben, dass Papst Johannes ein Gespür dafür bekam, dass der «neue Wein» nicht in «alte Schläuche» abzufüllen war, sondern dass es – wie im Falle des Einheitssekretariats – auch der neuen «Gefässe» bedurfte. Hier berühren wir den heiklen Punkt der Konzilsvorbereitung in Kommissionen, die den bestehenden Kurienämtern (Dikasterien) nachgebildet und personell (Präsidium, Sekretär und «Infrastruktur») mit ihnen verknüpft waren. Mario von Galli hat seinerzeit, als er sich in Rom nach der Konzilsvorbereitung umsah, das Bild von den vorhandenen «Körben» gebraucht, in die die vielerlei Anregungen aus aller Welt im Vatikan aufgeteilt und abgefüllt worden seien: Jemand musste ja die Arbeit machen. Dass der Papst dieses Problem schon relativ früh gesehen hat, beweist seine Pfingstansprache vom 5. Juni 1960, in der er sich um die nötige Abgrenzung zwischen der normalen Arbeit der Kurie und der aussergewöhnlichen für das Konzil Sorgen macht.[69] Bereits

[68] DMC IV, S. 867–876; italienisch in: Il concilio della speranza (vgl. Anm. 40), S. 174–184; deutsch in: Herder Korrespondenz 16 (1961/62), S. 225–228.

[69] DMC II, S. 391–402; auch in: Il concilio della speranza (vgl. Anm. 40), S. 107–125.

kündigt sich an, wie sehr ihm ein frei und spontan aus sich selbst heraus wirkendes Konzil am Herzen liegt, erwartet er doch schon jetzt, beim Übergang von der Phase der «Vor-Vorbereitung» (*Antipraeparatoria*) zur eigentlichen Vorbereitung, eine Schar «wirklich kompetenter Leute aus aller Welt» zur Mitarbeit.

Im gleichen Atemzug formuliert der Papst ein «Prinzip der Katholizität», das zur geistigen Lebendigkeit jedes Gläubigen gehöre: dass er sich nämlich als Katholik als «Bürger der ganzen Welt» verstehe, so wie ja auch die ganze Welt gemeint sei, wenn wir Jesus als «Erlöser der Welt» verehrten. Und er empfiehlt, diese Katholizität «einzuüben», insofern es eben um eine ganze Mentalität und ein konkretes Verhalten in den religiösen und sozialen Beziehungen gehe. Derselbe Gedanke kehrt wieder, als der Papst ein paar Monate später (14.11.1960) die Mitglieder aller zehn Vorbereitungskommissionen in Audienz empfängt.[70] Er erinnert an die alten Konzilien und kommt dann auf die *epoca moderna* zu sprechen: Jetzt gehe es nicht mehr um «diesen oder jenen Punkt der Doktrin oder der Disziplin», auf den hin man die «Quellen» (Offenbarung, Tradition) befrage, vielmehr gelte es jetzt die «Substanz (den Kern) des menschlichen und christlichen Denkens und Lebens zur Geltung zu bringen, wie sie der Kirche durch die Jahrhunderte hindurch anvertraut» sei. Und so sind es «grosse Dinge», die der Papst vom Konzil erwartet: «ein Wiedererstarken im Glauben, in der Lehre und kirchlichen Disziplin, im religiösen und geistlichen Leben», aber «darüber hinaus» auch einen bedeutenden Beitrag zur neuen Bejahung (*riaffermazione*) der christlichen Wurzeln, aus denen das bürgerliche und soziale Leben, die Wirtschaft und die Politik zu ihrer Fortentwicklung «Inspiration und Richtung» erhielten. Ausdrücklich sagte er, es gehe darum, das «Gesetz des Evangeliums» so wirksam werden zu lassen, dass es «alles einhülle und durchdringe, auch das, was uns vom ‹Tau des Himmels und vom Fett der Erde› (Jakobssegen,

[70] DMC III, S. 15–26.

Gen 27,28) zukommt». Dazu aber bedürfe es der umfassenden, aufrichtigen und bewussten Beteiligung der verschiedenen Glieder der Gesellschaft, der Vertreter der Intelligenz wie der Arbeitswelt, oder kirchlich gesprochen, der Priester und Laien. Der Text weitet sich hier zu einem geradezu kosmischen Bild einer universalen Synode aus, die alle juristischen Einschränkungen der Zugehörigkeit hinter sich lässt. Wenn inzwischen das Wort des Ezechiel und der Sprüche Salomos beschworen wurde, wonach «ein Volk ohne Vision zugrunde geht»: dieser Papst hatte eine! Zum Abschluss der ersten Session der Zentralen Vorbereitungskommission (20. Juni 1961) zögert er denn auch nicht, von einem «Fest» zu reden, zu dem sich das Haus der Kirche schmücke.[71]

In der bereits erwähnten eigentlichen Einberufungsbulle *Humanae salutis*, datiert vom Weihnachtstag 1961,[72] sind dann alle fundamentalen Themen des Pontifikats versammelt: die Zurückweisung des Pessimismus, das Eintreten für eine «immer lebendige und junge» Kirche, das Verlangen, der Einheit mit den getrennten Brüdern die Wege zu ebnen, und das alles unter dem in hellen Farben auf dunklem Hintergrund gemalten Bild von den «Zeichen der Zeit», die es im Sinne Jesu (Mt 16,4) als «Vorzeichen der Hoffnung» zu lesen und zu unterscheiden gelte. Bereits ist auch schon vom «glücklichen Augenblick» die Rede, in dem das Konzil gefeiert werden könne; und so lassen sich schon mehrere Ansätze für die Eröffnungsrede vom 11. Oktober sehen, aber mit einem wesentlichen Unterschied, den Ulianich herausstreicht. Seit der Ankündigung hat Papst Johannes, wenn er vom Konzil sprach, immer von Aufgaben hinsichtlich der «Doktrin» und von solchen der «Disziplin» gesprochen, eine Dichotomie, die er von Trient übernahm. Die beiden Ausdrücke scheinen zwar zunehmend näher zusammenzurücken, und hier, in der Bulle, stehen sie einfach

[71] AP I, S. 94–97.
[72] Vgl. Anm. 68.

nebeneinander zur Bezeichnung dessen, was es nach dreijähriger Vorarbeit an «Entwürfen» gibt: *schemi dottrinali e disciplinari*. Inzwischen hatte allerdings der in den Vorarbeiten (wie dann auch am Konzil als Generalsekretär) leitend engagierte Msgr. Pericle Felici in einem Interview mit dem *Osservatore Romano* festgestellt, dass es keine eigene Kommission zur Pastoral gebe, weil die Absicht obwalte, es sollen «*alle* Kommissionen in *pastoralem Geist*» arbeiten.[73] Aber in den päpstlichen Äusserungen der folgenden Monate (so am 23. Januar 1962 an die Zentralkommission)[74] findet sich immer noch die gleiche Dichotomie, wenn auch schliesslich, in der Radiobotschaft vom 11. September (einen Monat vor Konzilseröffnung), das Adjektiv «disziplinär» durch «pastoral» ersetzt scheint und somit von *elementi di ordine dottrinale e pastorale* oder von *struttura dottrinale e azione pastorale* die Rede ist.

Überhaupt darf nicht verschwiegen werden, dass gerade im letzten Jahr der Vorbereitung manch Widersprüchliches an den Tag kam. Am bekanntesten wurde die anachronistische Einschärfung des Lateins durch das Papstschreiben *Veterum sapientia*. Bei P. Hebblethwaite (510–512) kann man die zeitlichen Umstände nachlesen, die ihn dazu veranlassen, in der päpstlichen Zustimmung zu diesem Schreiben einen Balanceakt in den innerkurialen Auseinandersetzungen (nach der Freigabe des von Msgr. Bugnini zum guten Ende gebrachten Entwurfs für eine «Liturgiereform») zu sehen. Eine schwere Hypothek, die dann auch noch auf dem Konzil lastete, war die Einsetzung einer «Theologischen Kommission» in enger Verknüpfung mit dem *Sanctum Officium* Kardinal Ottavianis. Ich erinnere mich noch genau, wie während der ersten Session des Konzils Traktätchen verteilt wurden, wonach die Theologische Kommission über die Rechtgläubigkeit des Konzils

[73] Osservatore Romano vom 18./19. September 1961.

[74] DMC IV, S. 143–148; deutsch in: Herder Korrespondenz 16 (1961/1962), S. 278ff..

zu wachen habe und in diesem Sinn über dem Plenum stehe ... Die Vorbereitende Theologische Kommission produzierte eine ganze Reihe Entwürfe (Schemata). In seiner Ansprache vom 12. Mai 1962[75] zum Abschluss der sechsten Session der Zentralkommission sprach der Papst von «theologischen Fragen von grossem Gewicht» wie jenen über die «Kirche» und über «Ehe und Familie». Bekanntlich fand dann das wirkliche Konzil keinen der von der Theologischen Kommission vorgelegten Entwürfe diskussionswürdig.

Dass es «Schwierigkeiten» gebe, wird immerhin vom Papst selber in der gleichen Ansprache zugegeben: sie seien ihm präsent. Das Konzil sei eben nicht nur eine «grandiose», sondern auch eine «komplexe» Sache. Die Sprache wird hier sehr nüchtern. Der Papst will sich nicht (durch «Überbewertung» der Schwierigkeiten) seine Ausgeglichenheit rauben lassen. Er betont aber, dass es für die Durchführung des Konzils wie schon zu seiner Vorbereitung sehr viel Mut brauche. Und er setzt auf ein Zusammenwirken von «göttlicher Hilfe» und der «Energie» der Konzilsväter, wobei das Wohl der Versammlung die «Freiheit der Diskussion» verlange.

Einen neuen Klang bringt die Radiobotschaft vom 11. September 1962.[76] Die Akzente, die sie setzt, werden in der Eröffnungsansprache vom 11. Oktober weiterentfaltet werden; von einigen Passagen lassen sich auch Linien zum Konzilsdokument *Gaudium et spes* ausziehen. Fundamental ist, was über den «Daseinsgrund» (*ragione d'essere*) des Konzils gesagt wird: Es gehe um die «Antwort der ganzen Welt, der modernen Welt auf das Testament, das uns Christus hinterlassen» habe mit den Worten: «Gehet, lehret

[75] DMC IV, S. 265–268; italienisch in: Il concilio della speranza (vgl. Anm. 40), S. 209–213.

[76] DMC IV, S. 519–528; auch in: Il concilio della speranza (vgl. Anm. 40), S. 257–270; deutsch in: Herder Korrespondenz 17 (1962/1963), S. 43–46.

alle Völker...» Das Ziel des Konzils ist somit die Evangelisation.[77]

Merkwürdigerweise fügt sich an diese Zielangabe unmittelbar die, wie wir inzwischen wissen, von einem Gutachten des belgischen Kardinals Suenens stammende Unterscheidung «Kirche *ad extra*, Kirche *ad intra*» an: Untersucht werden solle ihre «Vitalität» nach «innen» und nach «aussen».[78] Über die Problematik dieser Einteilung des Konzilsprogramms habe ich schon einleitend eine Bemerkung gemacht. Hier, in der Radiobotschaft, wird sie dem Papst zum Anlass, das *ad extra* ausführlich zu entfalten. Schwerpunkte sind ihm der Dienst der Kirche an der Würde der menschlichen Person – man beachte die Parallele zum Vermächtnis! – und an der «grundlegenden Gleichheit» aller Völker in Rechten und Pflichten innerhalb der gesamten Völkergemeinschaft. Auch Ehe und Familie sowie weitere Punkte werden erwähnt, die bereits in *Mater et magistra* ausgeführt seien. Bedeutsamer aber wurde empfunden – Kardinal Lercaro nahm das Wort am Ende der ersten Konzilssession auf –, wie Papst Johannes die Kirche im Angesicht der unterentwickelten Völker nennt: «die Kirche von allen und besonders die Kirche der Armen»[79]. Nicht minder aktuell war die Bemerkung, dass das Konzil sich «17 Jahre nach dem Zweiten Weltkrieg» versammle und dass von den Konzilsvätern, die diesmal ja wirklich von allen Völkern und Nationen zusammenkämen, jeder seine Intelligenz und seine Erfahrung dafür einsetzen werde, dass «die Wunden von beiden Weltkonflikten» zum Verheilen kämen.

[77] In diesem Sinn lässt sich sagen, dass in der Themenstellung die Bischofssynode 1974 am direktesten und umfassendsten das Anliegen des Konzils aufgegriffen hat.

[78] L.-J. Suenens, Aux origines du Concile Vatican II, in: Nouvelle Revue Théologique 107 (1985), S. 3–21. Die Kritik an der Trennung von «ad extra» und «ad intra» kann in den Beiträgen von E. Schillebeeckx verfolgt werden (in: Gott-Kirche-Welt. Gesammelte Schriften, Band 2, Mainz 1970, S. 213–298).

[79] Vgl. dazu die in Anm. 40 genannten Beiträge von Kardinal Lercaro und M.-D. Chenu.

Dieses aktuelle historische Bewusstsein, dass das Konzil nicht zuletzt von den Folgen der beiden Weltkriege herausgefordert sei, konkretisierte sich bekanntlich bei Johannes noch speziell in der Überzeugung, das Konzil müsse sich der Judenfrage widmen.[80] Dass sie dem Einheitssekretariat zugeteilt wurde (und dort, ebenso wie das Thema «Religionsfreiheit», dann nach Konzilsbeginn auch blieb!), darf als einer der persönlichen Beiträge Giovannis zum Konzilsverlauf – in diesem Fall in seinem Vertrauensverhältnis zu Kardinal Bea gründend – betrachtet werden. Sein bedeutendster Beitrag aber war die Ansprache vom 11. Oktober 1962 im Petersdom zur feierlichen Eröffnung des Konzils.

Impuls und Vermächtnis

Die Bedeutung der Eröffnungsansprache (vgl. drittes Kapitel) kann nicht ohne ihren «Sitz im Leben» am Ende der Vorbereitungszeit ermessen werden. Die bereits oben besprochenen Abschnitte 7–10 über den «günstigen Zeitpunkt», in welchem das Konzil beginnen könne, sahen wir zwar auch dort schon, wo es um die nostalgische Geschichtsauffassung der «Unglückspropheten» ging, recht pointiert auf «Leute» im Alltag des Papstes bezogen; jetzt aber wenden wir uns dem zentralen Teil (11–17) über die Zielsetzung zu. Und es fällt uns sofort auf, dass es da nicht nur heisst, was das Konzil soll, sondern auch, was es *nicht* soll. Auch hier, wie gegenüber den Unglückspropheten, wird also offenbar geläufigen Vorstellungen und Konzepten eine Absage erteilt, und so drängt sich die Frage auf, in welchem «Lauf der Dinge» diese Rede eine «Unterbrechung» und inwiefern sie allenfalls gar den

[80] G. Zizola, Giovanni XXIII. La fede e la politica, Laterza, Rom und Bari 1988, S. 212–227; E. Bianchi, Israele e la chiesa, in: Cristianesimo nella storia 10 (1989), S. 77–106; biographische Notizen zu Jules Isaac: M. Vingiani, Jules Isaac. Il promotore del dialogo ebraico-cristiano a venti anni dalla morte: Ecumenismo Anni '80 (1984), S. 323–338.

Versuch darstellt, auf einem bereits fahrenden Schiff das Steuer herumzuwerfen.

Tatsächlich begann die Versammlung der rund zweieinhalbtausend «Konzilsväter» ja nicht *tabula rasa*. Sie hatten nicht leere Blätter in Händen, um darauf allfällige Eingebungen des Heiligen Geistes niederzuschreiben. Vielmehr hatte man ihnen bereits am 13. Juli des gleichen Jahres eine erste Serie von Entwürfen («Schemata») zugesandt. Es handelte sich um sieben Hefte, von denen die ersten vier die Aufschrift «Entwurf zu einer dogmatischen Konstitution» trugen, und zwar: 1. «über die Quellen der Offenbarung»; 2. «über die Reinbewahrung des Glaubensgutes» (*depositum fidei*); 3. «über die christliche Sittenordnung»; 4. «über die Keuschheit, Ehe, Familie und Jungfräulichkeit». Ein fünftes Heft war der «Heiligen Liturgie», ein sechstes den «sozialen Kommunikationsmitteln» und ein siebtes der «Einheit der Kirche» (im Hinblick auf die Orientalen) gewidmet.[81]

Schlug man allein die beiden ersten Hefte auf, so erhielt man den Eindruck, als solle hier ein Kompendium der Theologie vorgestellt werden. Vor allem der Entwurf über das *depositum fidei* sah nach dem Versuch einer scholastischen Darlegung aus, begann er doch mit folgenden Titeln: 1. Die Erkenntnis der Wahrheit; 2. Gott; 3. Schöpfung und Entwicklung der Welt; 4. Öffentliche Offenbarung und katholischer Glaube; 5. Fortentwicklung der Lehre usw. Warf einer nur einen flüchtigen Blick auf die Quellenangaben in den Anmerkungen dieses Entwurfs, stiess er schon zu Titel 1 bei einem Drittel der Angaben auf die Enzyklika *Humani generis* Pius' XII. (1950), und damit ging es in den übrigen Kapiteln mit ähnlicher Häufigkeit weiter. Auch Sätze des Ersten Vatikanums und solche gegen den Modernismus wurden noch und

[81] Als «Series Prima» der «Schemata constitutionum et decretorum de quibus disceptabitur in Concilii sessionibus» veröffentlicht. Vgl. den Brief von Johannes XXIII. an den Kardinal-Staatssekretär zur Versendung der Entwürfe (20. Mai 1962) in: Giovanni XXIII, Lettere (vgl. Anm. 32), S. 535f.

noch in Erinnerung gerufen. Das Ganze sah nach fleissiger Arbeit aus dem «Büro Ottaviani» aus[82], wurden beispielsweise doch allein zum vierten Kapitel mit seinen gut vier Seiten Text fünf Seiten kleingedruckte Anmerkungen geboten. Fing dann einer gerade in diesem Kapitel zu lesen an, so merkte er gleich, wie kontrovers, d. h. gegen bestimmte Autoren (zuerst gegen den als Modernisten verurteilten Engländer G. Tyrell, dann gegen den Religionsphilosophen H. Duméry) abwehrend und verurteilend der Text abgefasst war.

Dass Papst Johannes dieses «Schema» gekannt hat, ist mehr als wahrscheinlich, wissen wir doch, dass er es mit der Lektüre der Entwürfe ernst nahm. Es stehen uns aber von ihm, trotz einiger erhaltener Notizen, bisher kaum inhaltliche Stellungnahmen zur Verfügung[83], und wir dürfen annehmen, dass er solche bewusst unterliess, weil er – bereits während der Vorbereitungszeit – in die freie Diskussion nicht eingreifen wollte. Wenn wir nun aber den entscheidenden Abschnitt in der Eröffnungsrede lesen, der damit beginnt, was der «springende Punkt» des Konzils *nicht* sei, so können wir darin sehr wohl eine formale Kritik an der Art des Vorgehens und der Präsentation in diesem und allenfalls anderen Schemata sehen. Vor allem aber finden wir die fällige Klärung über die Aufgabenstellung, die eine grundlegende Überprüfung der Vorarbeiten nahelegt, auch wenn darüber explizit kein einziges Wort fiel. Wir lesen aus den beiden Abschnitten, die in unserer Ausgabe (S. 133ff.) mit «Der springende Punkt» überschrieben sind, unter leichter Kürzung des ersten, den durchgehenden Gedankengang. Sie bilden *de facto* eine Einheit, wobei der Ausdruck *punctum saliens* allerdings erst Nr. 15 einleitet, während Nr. 14 uns einmal mehr mit dem «Atem der Jahrhunderte» erfüllt. Aus ihnen

[82] A. Riccardi, Alfredo Ottaviani (1890–1979), in: Dizionario storico del movimento cattolico in Italia, 1860–1980. Band 2: I. Protagonisti, Marrietti, Casale Monferrato 1982, S. 435–439.

[83] Bekannt sind die Notizen vom 24. Juli 1962 zum Schema «ut omnes unum sint!», in: Giovanni XXIII, Lettere (vgl. Anm. 32), S. 546.

kommt die Kirche mit ihrem Glaubensschatz daher, der inzwischen – das ist bereits eine wichtige Aussage – zum «gemeinsamen Erbe der Menschen» geworden ist (so dass ihn die Kirche nicht «für sich» behalten und «horten» kann!). Daraus resultiert dann die lehramtliche Aufgabe für das Konzil und für die Zukunft der Kirche überhaupt:

[14] Aus dem bisher Gesagten wird deutlich, was vom Konzil für die Verkündigung der Lehre erwartet werden soll: Das 21. Ökumenische Konzil... will die Glaubenslehre rein und unvermindert, ohne Abschwächung und Entstellung, weitergeben, wie sie im Verlauf von zwanzig Jahrhunderten nicht ohne Schwierigkeiten und Kontroversen zum gemeinsamen Erbe der Menschen wurde... Unsere Aufgabe ist es nicht nur, diesen kostbaren Schatz zu bewahren, als ob wir uns nur um Altertümer kümmern würden. Sondern wir wollen uns mit Eifer und ohne Furcht der Aufgabe widmen, die unsere Zeit erfordert. So setzen wir den Weg fort, den die Kirche im Verlaufe von zwanzig Jahrhunderten gegangen ist.

[15] Der springende Punkt für dieses Konzil ist es also nicht, den einen oder den andern der grundlegenden Glaubensartikel zu diskutieren, wobei die Lehrmeinungen der Kirchenväter, der klassischen und zeitgenössischen Theologen ausführlich dargelegt würden. Es wird vorausgesetzt, dass all dies hier wohl bekannt und vertraut ist. Dafür braucht es kein Konzil. Aber von einer wiedergewonnenen, nüchternen und gelassenen Zustimmung zur umfassenden Lehrtradition der Kirche, wie sie in der Gesamttendenz und in ihren Akzentsetzungen in den Akten des Trienter Konzils und auch des Ersten Vatikanischen Konzils erkennbar ist, erwarten jene, die sich auf der ganzen Welt zum christlichen, katholischen und apostolischen Glauben bekennen, einen Sprung nach vorwärts, der einem vertieften Glaubensverständnis und der Gewissensbildung zugute kommt. Dies soll zu je grösserer Übereinstimmung mit dem authentischen Glaubensgut führen, indem es mit wissenschaftlichen Methoden erforscht und mit den sprachlichen Ausdrucksformen des modernen Denkens dargelegt wird. Denn eines ist die Substanz

der tradierten Lehre, d. h. des depositum fidei; etwas anderes ist die Formulierung, in der sie dargelegt wird. Darauf ist – allenfalls braucht es Geduld – grosses Gewicht zu legen, indem alles im Rahmen und mit den Mitteln eines Lehramtes von vorrangig pastoralem Charakter geprüft wird.

Der Text, wie ich ihn zitiert habe, der es aber verdient, auch im grösseren Zusammenhang (ab Nr. 11: «Die Hauptaufgabe...») gelesen zu werden, gibt in deutscher Übersetzung eine italienische Fassung der Rede wieder. Hierzu muss ich eine Reminiszenz vom Eröffnungstag einschieben und erklären, warum unter unserer Übersetzung im dritten Kapitel zwei Fassungen, eine italienische und eine lateinische, einander gegenübergestellt sind.

Der Papst las am 11. Oktober die lateinische Fassung, worin man den Ausdruck *punctum saliens* vergeblich sucht. Uns Journalisten aber teilte der zuvorkommende Protokollchef Msgr. Igino Cardinale – er war auch Subsekretär in der technisch-organisatorischen Vorbereitungskommission des Konzils – eine italienische Fassung aus, in der nun gerade die (bildungssprachlich auf lateinisch geläufige) Redewendung vom «springenden Punkt» in die Augen stach. Die Differenz zum Lateinischen begann die Journalisten zu interessieren, zumal im *Osservatore Romano* beide Fassungen publiziert wurden. Ausgerechnet die zentrale Stelle zeigte erhebliche Unterschiede. Ein Stichwort aus der italienischen Fassung, das die Runde machte, war der «Sprung nach vorwärts» – *un balzo innanzi* –, den der Papst der konziliaren Kirche zutraute bzw. von dem er sagte, dass ihn die Gläubigen der ganzen Welt erwarteten. Im Lateinischen war lediglich von einem «neuen Bemühen» (*novo studio*) die Rede. Insgesamt zeigte ein Vergleich der Zusätze und Weglassungen im lateinischen Text eine deutliche Tendenz zur Glättung und Abschwächung, während die italienische Fassung kantiger und plastischer wirkte. Obwohl nun zwar der *Osservatore Romano* die letztere als («seine») Übersetzung (*una nostra traduzione*) ausgab, kam sehr schnell die Überzeugung auf, dass das «Original» doch wohl im «origineller» klingenden italienischen Text zu suchen sei. Die Forschung und eine synoptische Ausgabe aus noch vorhandenen italienischen Entwürfen des Papstes und der endgültigen lateinischen und endgültigen italienischen Fassung[84] haben inzwischen erwiesen, dass diese Vermutung mindestens für den zitierten, entscheidenden Abschnitt und für das meiste, was ihm vorausgeht, stimmt. Dass er zumal für den (vielleicht nur noch mündlich mit dem Latinisten besprochenen und dann so oder so angehängten) «Schluss» nicht stimmt, braucht uns in unserem Zusammenhang nicht zu kümmern.

Wir kehren zurück zu unserem Text, aufgrund dessen wir nun wissen, was das Konzil oder das kirchliche Lehramt soll und wozu es eben den «Sprung nach vorwärts», aber «allenfalls» auch «Geduld» braucht: Es soll «mit wissenschaftlichen Methoden» den Kern des Glaubensgutes herausschälen und ihn mit den «sprachlichen Ausdrucksformen des modernen Denkens» darlegen. Der Passus mündet in zwei Schlüssel-Aussagen: erstens in die Unterscheidung zwischen der «Substanz» der Glaubenslehre und ihrer «Formulierung» oder der Einkleidung (*rivestimento*), mit der sie dargelegt wird; zweitens in die Kennzeichnung dessen, was all diesem Bemühen «Mass und Proportion» geben muss, nämlich «eines Lehramtes von vorrangig pastoralem Charakter».

Der Duktus des ganzen Abschnitts – man schaue auf den italienischen Text – führt geradezu meisterhaft zu diesem einen Schlusswort: «pastoral». Auf dem Hintergrund der ganzen Entwicklung in den Äusserungen von Papst Johannes seit der Ankündigung können wir mit Ulianich sagen, dass hier die Dichotomie von «Doktrin» und «Pastoral» («Doktrin» und «Disziplin») von innen her überwunden ist und dass Giovanni erst damit zu einer neuen Art von Konzil gefunden hat. Dabei mag offen bleiben, wie weit

[84] G. Alberigo, A. Melloni, L'allocuzione «Gaudet Mater Ecclesia» di Giovanni XXIII (11 ottobre 1962), in: G. Alberigo, u. a., Fede, Tradizione, Profezia. Studi su Giovanni XXIII e sul Vaticano II (Testi e ricerche di Scienze religiose, 21), Paideia, Brescia 1984, S. 185–283.

sich (nach Ulianich mehr, nach Alberigo weniger) Papst Johannes zuerst von Vorstellungen oder Modellen des Konzils von Trient frei machen musste.[85] Gewiss taucht «Trient» immer wieder auf, aber Einzelheiten im Vokabular des ganzen Passus sprechen dafür, dass wir hier die reife Frucht nicht nur historischer Überlegungen und aktueller Erwägungen, sondern auch geistlicher Erfahrungen vor uns haben, die bis in die Studienzeit Roncallis zurückreichen. An dieser Stelle ist auf die frühe Studie von F. M. Willam zu verweisen, der dem «Werden des Aggiornamento-Begriffs» beim «jungen Angelo Roncalli» (1903–1907) nachging, indem er den hier besprochenen Abschnitt der Eröffnungsrede mit der Baroniusrede von 1907 und Tagebucheintragungen von 1903 – beides im Kontext der Modernismuskrise – verglich. Tatsächlich ist der geistige Weg, den Angelo Roncalli/Johannes XXIII. mit seiner Aggiornamento-Idee gemacht hat, hier an sein Ende gekommen: Die «zeitgemässe Erneuerung» betrifft nicht nur die «Disziplin» oder die «Praxis» oder die «Pastoral»; die Präsentation der christlichen «Lehre» selber muss *à jour* gebracht und den Bedürfnissen der Zeit «angepasst» werden. In dem Masse als das mit ihr geschieht, wird sie selber «pastoral».

Nun mag aus heutiger Sicht einer sagen, das Wort «pastoral» sei doch ein recht undeutlicher und inzwischen abgegriffener Allerweltsbegriff. Für Papst Johannes gilt dies aber nicht; wir sahen bereits, was ihm Jo 10 bedeutete. Das zeigt sich prägnant in der Weihnachtsansprache von 1962 an die Kardinäle.[86] Da spricht er von einem «erneuerten pastoralen Elan» (*rinnovato slancio pastorale*), der ihm beständig (als «brennender Wunsch») am Herzen liege. Im Kontext ist von einer «neuen und kraftvollen Ausstrahlung des Evangeliums in der ganzen Welt» und, parallel dazu, von «allseitiger, noch intensiverer Erneuerung des Lebens in der Kir-

[85] G. Alberigo, Giovanni XXIII e il Vaticano II (vgl. Anm. 54), S. 234, Anm. 27.
[86] DMC V, S. 51–57; auch in: Il concilio della speranza (vgl. Anm. 40), S. 310–315.

che» die Rede. In derselben Ansprache hat Papst Johannes übrigens Abschnitt 15 der Eröffnungsansprache im vollen (italienischen) Wortlaut wiederholt, was zeigt, wie wichtig ihm diese Zielrichtung für die zwischen der ersten und zweiten Sitzungsperiode fällige Sichtung des «Konzilsprogramms» war. Ungefähr aus der gleichen Zeit wird noch ein mündliches Wort von Papst Johannes kolportiert, womit er am Ende der ersten Session des Konzils dessen Arbeiten, seien es mehr die Reden, seien es mehr die Texte, einer bündigen Kritik unterzog: «Man redet», soll er gesagt haben, «immer noch viel zu sehr von ‹an sich› statt ‹für den Menschen›.» Hier ist doch wohl die eigentliche «johanneische» Übersetzung des Wortes «pastoral» zu finden: Auf den Menschen, und zwar auf den Menschen in seinen konkreten Situationen bezogen, muss nicht nur das «Wirken», sondern auch das «Lehren» der Kirche sein, weil es überhaupt sinnlos ist, von Wahrheiten «an sich» (oder gar von «absoluten», von jeder Bezogenheit freien Wahrheiten) zu reden, wenn anders es ja auch keine Offenbarung «an sich», sondern nur eine Offenbarung «für uns Menschen» gibt: *Propter nos homines et propter nostram salutem*, wie wir im Credo singen, und «damit sie das Leben haben und es in Fülle haben», wie der «Hirt» Jesus im Vierten Evangelium sein «Kommen» erklärt.

Auf Form und Gestalt des Konzils bezogen, erhält der «pastorale Charakter des Lehramts» im unmittelbar an Nr. 15 anschliessenden Abschnitt der Eröffnungsrede noch eine gewichtige Präzisierung. Die offizielle Überschrift lautet furchterregend: «Wie die Irrtümer zu unterdrücken sind». Das italienische Wort *reprimere*, das hier begegnet, führt mein Wörterbuch zusammen mit «Repression» und «repressiv» auf; ja es ist von *misure repressive*, von «Unterdrückungsmassregeln» die Rede. Alle früheren Konzilien kannten solche «Massregeln», lateinisch *Canones*, ja es war geradezu ihre spezifische Form, Lehrentscheidungen in Form von Bannsprüchen zur Kenntnis zu bringen. «Wer sagt... (oder wer nicht sagt...), sei im Bann (*Anathema!*)». Bekanntlich gehörte es zum System der «Christenheit», solchem Bann kaiserliche oder königliche Nachachtung zu verschaffen...

Das Zweite Vatikanische Konzil verzichtete auf die Form der *Canones* und sprach überhaupt keine Verurteilungen aus. Der Grund liegt in einer eindringlichen und überzeugenden Weisung, die Papst Johannes in Nr. 16 der Eröffnungsansprache gab und an die sich das Konzil auch nach seinem Hinscheiden gebunden fühlte. Das Stichwort – vgl. unseren Zwischentitel zu 16 – lautet: «Das Heilmittel der Barmherzigkeit». Es wird der «Strenge» gegenübergestellt, womit die Kirche – «manchmal mit grösster Strenge» – Irrtümer verurteilt habe. «Heutzutage», heisst es, ziehe sie «das Heilmittel der Barmherzigkeit» vor.[87] Zur Begründung wird angeführt, dass erstens «im Wechsel der Epochen» zu erleben sei, wie «einander entgegengesetzte Meinungen» sich ablösten und «Irrtümer, kaum entstanden, wie der Morgennebel vor der Sonne» vergingen. Zweitens hätte so manches, vor dem man sich hüten müsse, so verhängnisvolle «Folgen» gezeitigt, «dass es den Menschen von heute selber klar» werde, es sei abzulehnen. Drittens sei positiv der Sinn für die «Würde der menschlichen Person» und für die Aporie der Gewalt unter den Menschen gewachsen.

Es gibt aber auch noch eine Begründung, die zugleich ein Erfordernis ausspricht: Dem jetzt Geforderten, heisst es, entspreche es besser, «wenn sie [die Kirche] die Triftigkeit ihrer Lehre nachweist, als wenn sie eine Verurteilung ausspricht». Dieser Satz hat

[87] G. Alberigo, Dal bastone alla misericordia. Il magistero nel cattolicesimo contemporaneo (1830–1980), in: ders., La chiesa nella storia (Biblioteca di cultura religiosa, 51), Paideia, Brescia 1988, S. 240–273. Zu den Verfahren gegen Theologen nach 1965 vgl. u. a. L. Kaufmann, Ein ungelöster Kirchenkonflikt: Der Fall Pfürtner. Dokumente und zeitgeschichtliche Analysen, Freiburg/Schweiz 1987, S. 24–59, 301 (als Beispiel zur Argumentation der Glaubenskongregation der Brief von Kardinal Seper an Bischof Mamie), 1184–1194; N. Greinacher, H. Küng (Hrsg.), Katholische Kirche – wohin? Wider den Verrat am Konzil (Serie Piper, 488), München-Zürich 1986, S. 411–460: Ad Willems zu E. Schillebeeckx, J.-P. Jossua zu J. Pohier, L. Rinser über L. Boff und A. Jensen zu den «kleinen Fällen».

doch wohl etwas mit dem zu tun, was im vorangegangenen Abschnitt mit «vertieftem Glaubensverständnis» gemeint ist: Das Glaubensgut soll den heutigen Menschen so nahe gebracht werden, dass es zu einem «Verstehen» kommt; denn was nützt eine «Botschaft», die nicht verstanden wird? Der Satz macht aber auch nachdenklich, wenn man an die Form denkt, wie schon bald nach dem Konzil wieder Verurteilungen ausgesprochen wurden. Wie schrieb doch die – angeblich erneuerte – Glaubenskongregation 1972 zu Stephan Pfürtner: Seine «Ideen» seien falsch und gefährlich usw. Er musste selber nachfragen, welche Ideen dies sein sollten; geschweige dass die verurteilende Instanz sich die Mühe genommen hätte, ihr Urteil zu begründen. Und die «Serie» hat sich fortgesetzt ohne grundlegende Änderung der Einstellung und bei wenig relevanten Varianten des Verfahrens: Ich denke an Illich und Curran, an Haag und Küng, an Schillebeeckx, Pohier und Boff, an Bermejo, Castillo und Estrada. Angesichts dieser Liste, die um all die Repressionsopfer von *Humanae vitae* (Valsecchi usw.) und um alle möglichen Eingeschüchterten, um ihren Beruf und ihren Ruf Gebrachten zu erweitern wäre, steht die Rede von Papst Johannes wie ein bereits wieder sehr weit in die Ferne gerücktes Fanal da. «Die Fackel des Glaubens» erhebe die Kirche, heisst es noch in Nr. 17, aber sie tue es als eine «für alle liebevolle, gütige und geduldige Mutter voll Barmherzigkeit und Wohlwollen...» Wenn wir nach der «Prophetie im Vermächtnis» fragen, ist sie nicht ganz besonders in dem einen Wort «Barmherzigkeit» zu finden? Ist damit nicht die ganze Zuwendung zum (konkreten) Menschen ausgedrückt, wie sie uns die Evangelien von Jesus künden, der sich erschüttern liess? Und klingt in dem einen Wort nicht zugleich die ganze religionskritische Tradition der echten Prophetie an, deren Inbegriff der Satz ist: «Barmherzigkeit will ich, nicht Opfer»?

Über die Wirkung der Eröffnungsrede gehen die Meinungen auseinander; man müsste auf jeden Fall die sofortige von der Langzeitwirkung unterscheiden. Eine sofortige Wirkung «nach aussen» mochte sein, dass man in Moskau nun die Bestätigung dafür hatte, dass das Konzil keine politische Sache sei: So durften jedenfalls die beiden Beobachter-Delegierten des Moskauer Patriarchats nach Rom abreisen. Sie trafen am 12. Oktober ein, was allgemein als gutes Omen gewertet wurde. Der folgende Tag zeigte die entscheidende Wirkung «nach innen»[88]: Das Konzil fand seinen Selbststand und demonstrierte seine Freiheit gegenüber der Kurie und der kurial geleiteten Vorbereitungsarbeit. Konkret ging es um die Wahlen in die Kommissionen. Statt als unförmiger Haufen von rund zweieinhalbtausend Bischöfen Namenslisten zuzustimmen, auf denen die gleichen Männer wie in den Vorbereitungskommissionen figurierten, wurde eine Verschiebung der Wahlen beschlossen. Dies erlaubte es dem Konzil, ein gegliedertes Gebilde zu werden, wo bereits bestehende und neu sich bildende Zusammenschlüsse nach nationalen, regionalen und sprachlich-kulturellen Kriterien ihre Rolle spielen und dem Ganzen ein «menschliches Gesicht» und die Basis für echte geistige Auseinandersetzung geben konnten.

Wie sehr Papst Johannes die Freiheit des Konzils am Herzen lag, lässt sich an verschiedensten Äusserungen, die zum Teil schon angeführt wurden, aber auch an seinem Verhalten zeigen. Als zum Beispiel die Debatte um die Liturgiereform (zumal um die Volkssprache in der Liturgie) sich in die Länge zog, griff er nicht ein und begründete dies im Nachhinein (23.12.1962)[89] ausdrücklich mit der Freiheit, die das Konzil haben und finden sollte. Es war ja die erste Debatte überhaupt und sozusagen die Einübung. Umgekehrt griff er ein, als sich das Konzil bei der zweiten Debatte in eine Sackgasse begeben hatte. Es handelte sich um einen Entwurf der Vorbereitenden Theologischen Kommission mit der Über-

[88] G. Martina, A proposito di studi recenti su Giovanni XXIII, in: Rivista di storia della chiesa in Italia 39 (1985), S. 525–533.

[89] Vgl. dazu die Anm. 86.

schrift: «Über die Quellen der Offenbarung». Die Mehrheit war damit unzufrieden, weil die Theologische Kommission (unter Ottaviani) das Angebot einer ökumenischen Beratung durch das Einheitssekretariat abgelehnt hatte. Der Abstimmungsmodus[90] und die Geschäftsordnung führten aber zu einem Patt: Es wurde nicht die Zweidrittelmehrheit erreicht, und so hätte man weiter über eine Vorlage beraten müssen, die die Mehrheit ablehnte. Papst Johannes verhalf zu einem Ausweg: Die beiden Gremien, Theologische Kommission und Einheitssekretariat, sollten unter der Doppelleitung von Kardinal Ottaviani und Kardinal Bea eine gemischte Kommission bilden. Die Lösung bewährte sich bestens, und so waren zugleich die Freiheit und die Arbeitsfähigkeit des Konzils gewahrt. Auch war ein Signal gegenüber der gesamten theologischen Vorbereitung gegeben. Der Sprecher des Einheitssekretariats, Bischof de Smedt, hatte pauschal von allen ausgeteilten Entwürfen der Theologischen Kommission gesagt, dass sie in der vorgelegten Form zum Schaden der ökumenischen Annäherung gereichen würden.[91] Ihr Schicksal war am Ende der ersten Session besiegelt, als auch noch der Entwurf über die Kirche auf entschiedene Kritik stiess. In diesem Sinn, so lässt sich also sagen, setzte sich Papst Johannes' Konzilskonzept durch: Es wurde kein Konzil, wie es sich die Ottaviani-Gruppe gedacht und wie es manche nach der römischen Diözesansynode befürchtet hatten.

Was aber hat sich vom Geist von Papst Johannes in positiver Weise im Konzil ausgewirkt und niedergeschlagen? An erster Stelle ist das Ringen um den «Abschied vom System der Christen-

[90] Zum Vorgehen bei der Abstimmung vom 20. November 1962 gibt J. Ratzinger in seiner Einleitung zum Kommentar zur Dogmatischen Konstitution über die Offenbarung eine präzise Beschreibung: LThK. Das Zweite Vatikanische Konzil. Band 2, S. 500ff.; eine ausführlichere Analyse bei Ph. Levillain, La mécanique politique de Vatican II. La majorité et l'unanimité dans un concile (Théologie historique, 36), Beauchesne, Paris 1975, S. 231–260.

[91] Die Intervention von Bischof E. J. de Smedt im Namen des Einheitssekretariats (19. November 1962) in: AS I/3, S. 184–187.

heit» und um den «Abschied vom Syllabus» zu nennen. Das Konzil hat darum bis zu seinem Abschluss gerungen. Das Ergebnis ist das Dekret über die Religionsfreiheit: die entscheidende Grundlage für jedes Vertrauensverhältnis in der Ökumene[92], dieses Vertrauens, für das Papst Johannes aber auch durch seine ganze lautere Art – vgl. oben das Zeugnis von Adelaida Coari – der Garant war. Gerade dieses Ringen um die Religionsfreiheit zeigt aber auch, dass das Konzil kein «Abschluss» war. Erstens kam man nicht zu den nötigen bindenden Äusserungen über die Wahrung von Freiheit, Menschenwürde und Menschenrechten *innerhalb* der Kirche, und zweitens kam es bekanntlich bald nach dem Kon-

[92] P. Pavan beschreibt in der Einleitung des Kommentars zum Dekret über die Religionsfreiheit (LThK. Das Zweite Vatikanische Konzil, Band 2, S. 704) über die durch das genannte Dekret überwundene Position der Kirche: «Wenn nahezu alle Mitglieder der Gesellschaft oder ihre Mehrheit sich zur wahren Religion bekennen, und das ist die katholische Religion, dann hat der Staat die Pflicht, sich auch zu ihr zu bekennen. Die Mitbürger, die anderen Religionen anhängen, haben nicht das Recht, am Bekenntnis zu diesen Religionen nicht gehindert zu werden; der Staat kann jedoch aus Gründen des Gemeinwohls ihr Bekenntnis tolerieren: sowohl wegen des Gemeinwohls der entsprechenden politischen Gemeinschaft als auch wegen desjenigen der ganzen Menschheit. Sind umgekehrt die Mitglieder einer Gesellschaft fast vollzählig oder in ihrer Mehrheit nicht katholisch, so hat der Staat die Pflicht sich in jedem Bereich nach dem Naturrecht zu richten; daher muss er den Katholiken volle Freiheit lassen, sich zu ihrer eigenen Religion zu bekennen; der Kirche muss er die Freiheit lassen, ihre Sendung zu erfüllen. Sowohl in der Vorbereitungsphase des Konzils als auch bei dessen Beginn zeigte sich auf seiten der Konzilstheologen wie der Väter eine entschiedene Opposition gegen diese Lehrauffassung über die Freiheit im religiösen Bereich.» Neben dem hier unter dem Modell der Christenheit gedachten Kirche-Staat-Verhältnis wurde auch der oft als «evidentes Prinzip» wiederholte Grundsatz, dass «die Wahrheit alle Rechte, der Irrtum kein Recht hat» überwunden. Dieses Axiom hatte die kirchliche Lehre in eine Sackgasse geführt. (Vgl. P. Pavan zum Art. 12 des Dekrets: LThK. Das Zweite Vatikanische Konzil. Band 2, S. 740). Das Hauptverdienst an der Befreiung aus dieser Sackgasse kommt dem amerikanischen Theologen J. C. Murray SJ zu; vgl. J. Hammer, Y. Congar (Hrsg.), Die Konzilserklärung über die Religionsfreiheit. Lateinischer und deutscher Text. Kommentare von P. Pavan u. a. (Konfessionskundliche und Kontroverstheologische Studien, Band 20), Paderborn 1967; J. C. Murray, The Problem of Religious Freedom, Westminster/Maryland 1965.

zil zu Versuchen einer «Restauration der Christenheit»: am spektakulärsten in Lateinamerika zwischen den beiden Bischofsversammlungen von Medellín (1968) und Puebla (1979).[93] Generell dürfen wir wohl sagen, dass Versuche zur «Restauration» der Geschichtsauffassung von Papst Johannes widersprechen, vor allem dann, wenn sie in die Richtung der konfessionalistischen Restauration der Christenheit mit entsprechendem Pochen auf Machtansprüche oder -positionen geht. Vom leidenschaftlichen Plädoyer, das schon Nuntius Roncalli an der Centenarfeier des I. Konzils von Lyon (1245–1945) für die «Freiheit der Kirche» hielt,[94] hin zu der in der Eröffnungsansprache ausgedrückten Einschätzung der Freiheit, wie sie im modernen, säkularisierten Rechtsstaat mindestens grundsätzlich allen Kirchen zugesichert ist, verläuft genau die Entwicklungslinie, die Papst Johannes im Vermächtnis mit den Worten gekennzeichnet hat: «Dem Menschen als solchem dienen, nicht bloss den Katholiken, die Rechte der menschlichen Person verteidigen, nicht nur diejenigen der katholischen Kirche.»

So schliesst sich der Kreis. Im einzelnen zu fragen, wo sich in den dreizehn Konzilsdokumenten der Geist Johannes' XXIII. mehr oder weniger niedergeschlagen habe, würde dem Fehler nahekommen, den ich zu Beginn glaubte signalisieren zu müssen. Allgemein ist bekannt, dass die Konzilsdokumente Kompromisstexte darstellen, wozu dann der zweite Konzilspapst an einigen Stellen noch das seinige beigetragen hat. Tatsächlich kamen die Interventionen Pauls VI. fast ausschliesslich der Konzilsminderheit bzw. den Prärogativen von Papst und Kurie zugute.[95] Aber das steht auf

[93] Kritik an der Vorbereitung der Konferenz von Puebla: C. Boff, Programm und Illusion einer «Neuen Christenheit». Eine geschichtstheologische Kritik am Konsultationspapier für Puebla, in: Orientierung 43 (1979), S. 21–24.

[94] Vgl. dazu die Anm. 13.

[95] Einmal die «Nota explicativa praevia» (Erläuternde Vorbemerkung) vom 16. November 1964 zum dritten Kapitel der Kirchenkonstitution: LThK. Das Zweite Vatikanische Konzil, Band 1, S. 348–359; Jan Grootaers (Hrsg.), Pri-

einem anderen Blatt. Wer ein Register oder eine kommentierte Ausgabe konsultiert, wird sicher bei den Anfangsworten der grossen Kirchenkonstitution *Lumen gentium* auf die Radiobotschaft vom 21. September 1962 verwiesen, der wir schon mehrmals begegnet sind. So könnte man weiterfahren. Umgekehrt fände man beim nötigen Suchen die präziseste Übersetzung und Beschreibung von Giovannis *aggiornamento* (samt Kriterien!) im Dekret über die zeitgemässe Erneuerung des Ordenslebens.[96] Und schliesslich stiesse man auch auf ein formelles Zitat der zentralen Stelle der Eröffnungsansprache (Nr. 15) in der Pastoralkonstitution über die Kirche in der Welt von heute, *Gaudium et spes* (Nr. 62). Diesem ganz aus dem Konzil selber herausgewachsenen und von lauter wirklich «neuen» oder gemischten Kommissionen und neu beigezogenen Experten erarbeiteten Dokument war in der Stossrichtung schon gleich nach der Konzilseröffnung eine «Botschaft an die Welt» vorausgegangen, bei deren Abfassung bekanntlich die früher verfemten Dominikaner-Theologen Congar und Chenu zum Zuge kamen. Dass man nun dieser Konstitution die Kennzeichnung «pastoral» beigab, haben manche im Sinne von «weniger verbindlich» verstanden, was sicher nicht dem Begriff «pastoral» bei Papst Johannes entspricht. Besser würde man sagen, dass sie als Ansatz zum Dialog und in diesem Sinn provisorisch und bewusst «unfertig» gemeint war, wie eben ein Reden

mauté et collégialité. Le dossier de Gérard Philips sur la Nota Explicativa Praevia (Lumen gentium, chap. III) [BETL LXXII], Leuven 1986; sodann die 19 Modifikationen zum Dekret über die Ökumene vom 19. November 1964: LThK. Das Zweite Vatikanische Konzil, Band 2, S. 37 ff.; L. Jaeger, das Konzilsdekret «Über den Ökumenismus» (Konfessionskundliche und Kontroverstheologische Studien, Band 13). Zweite, erweiterte Auflage 1968, S. 73 und ö.; schliesslich die Ausgliederung der Fragen um die Geburtenregelung aus der Konzilsdebatte und die Unterstellung unter eine päpstliche Entscheidung: LThK. Das Zweite Vatikanische Konzil, Band 3, S. 443 f., zur Pastoralkonstitution, Art. 51, Anm. 14.

[96] L. Kaufmann, Evangelium suprema regula. Die Kriterien kirchlicher Erneuerung im Spiegel des Ordensdekrets, in: J. Ch. Hampe (Hrsg.), Die Autorität der Freiheit. Gegenwart des Konzils und Zukunft der Kirche, München 1967, S. 291–334.

und Verkündigen sein wird, das sich auf die wechselnden Situationen der Menschen einlässt und selbst zur Veränderung (durch den Gesprächspartner) bereit ist. Gerade dieser «Wechsel», die stete Veränderung war es ja, die Papst Johannes umgetrieben hat, und das bildet auch in der Einleitung zu *Gaudium et spes* den Ausgangspunkt und Leitgedanken.

Bei dieser Beschreibung der verschiedenen gesellschaftlichen und anderen Veränderungen stossen wir nun auch auf einen Passus, der zwar gerade nicht «Zitat» ist, der aber das zentrale Stichwort sowohl im Vermächtnis wie in der Eröffnungsansprache aufnimmt: vertieftes Glaubensverständnis.

Nach der Eröffnungsansprache ist ein vertieftes Glaubensverständnis – zusammen mit der Gewissensbildung – das Ziel, wohin alles führen soll. Im Italienischen heisst es dort *penetrazione* (Durchdringung), und das lenkt uns darauf hin, dass es nicht nur um eine rein intellektuelle Angelegenheit, etwa nach dem Schema «Glauben und Wissen», sondern um den ganzen Lebensvollzug geht: Erst wenn sich das Glaubensdenken mit ihm verbindet und umgekehrt, kommt es zum vertieften Verstehen. In *Gaudium et spes*, Nr. 7, liest man dazu folgendes: «Die neuen Verhältnisse üben schliesslich auch auf das religiöse Leben ihren Einfluss aus. Einerseits läutert der geschärfte kritische Sinn das religiöse Leben von einem magischen Weltverständnis und von noch vorhandenen abergläubischen Elementen und fordert mehr und mehr eine ausdrücklich personal vollzogene Glaubensentscheidung, so dass nicht wenige zu einer lebendigeren Gotteserfahrung kommen. Andererseits geben breite Volksmassen das religiöse Leben praktisch auf...»

Diese Situationsbeschreibung «einerseits – andererseits» hat mich schon seinerzeit, bei der ersten Lektüre, gepackt, und ich habe seither gelegentlich kompetente Leute gefragt, wo nun eigentlich aus dieser hier dokumentierten Einsicht irgendwelche Schlussfolgerungen gezogen wurden: wo in der gleichen Pastoralkonstitution, wo in nachfolgenden gesamtkirchlichen Äusserungen? Gewiss ist in Nr. 62 nochmals vom «tieferen Glaubensverständnis» die Rede, wozu der «Geist» durch neue Ergebnisse der Naturwissenschaft und neue «Fragen» der Geschichtswissenschaft und Philosophie geführt werden könne – «sogar für das Leben» hätten diese Fragen «Konsequenzen». Die spezielle Perspektive ist dabei das *aggiornamento* der Theologie und der Seelsorge (Berücksichtigung von Psychologie und Theologie). Aber aus dem Dilemma von Nr. 7 führt mich das nicht heraus. Die genannten «profanen Wissenschaften» in Ehren, insofern sie zur Aufklärung führen, aber wen? In Nr. 7 geht es um die «breiten Volksmassen», die die religiöse Praxis aufgeben. Da ist doch nochmals zu fragen: Was für eine Praxis? Vielleicht eine von Magie und Aberglauben geprägte? Vielleicht eine unter Milieudruck und Herrschaft aufrechterhaltene? Der im Text erwähnte «kritische Sinn» müsste hier notwendig zur Religionskritik werden, die aber ausbleibt. Und das «vertiefte» Glaubensverständnis müsste ein humanisierendes und befreiendes werden, wenn schon die existentielle, «personale» Glaubensentscheidung gefordert wird.

Für mich, so muss ich gestehen, kam der neue Klang dieser Frage erst mit der Parole: «Jesus, der Severino heisst» [97]. Gemeint ist jene, ganz unten bei den elementaren Lebensbedingungen ansetzende Solidarität einer Verkündigung, die von den Lebensvollzügen der breiten, armen Mehrheit der Bevölkerung und der Menschheit ausgeht und deren Emanzipation im Auge hat. Mich dünkt, auch auf die Völker in ihrem Wechsel und Umbruch, nicht viel anders als auf die sich ablösenden Lebensstufen des einzelnen,

[97] João Cabral de Melo Neto, Tod und Leben des Severino. Eine Weihnachtslegende (Serie Piper, 911), München-Zürich 1988. Severino ist der Name des flüchtigen Landarbeiters aus dem Nordosten Brasiliens, ein Jedermann und eine Jedefrau. Zu deren Relevanz für christologische Entwürfe systematischer und exegetischer Art vgl. H. Goldstein, Brasilianische Christologie. Jesus, der Severino heisst, Mettingen 1982; jetzt auch: G. Collet (Hrsg.), Der Christus der Armen. Das Christuszeugnis der lateinamerikanischen Befreiungstheologen, Freiburg u. a. 1988.

muss sich ein Glaube, der reifen soll, einlassen. Seit der Zeit, da ich selber Jugendseelsorger war, habe ich immer wieder die wenigen Seiten gelesen, die Romano Guardini über die «Lebensalter» und die bei ihrem Wechsel auftretenden Glaubenskrisen schrieb.[98] Ihm lag die «Entwicklungsgeschichte der Persönlichkeit» am Herzen. Inzwischen kann ich dem Text aber noch einen anderen Sinn abgewinnen, nachdem ich bei Jon Sobrino von der Erfahrung der «dunklen Nacht» des Glaubens im Kollektiv der Armen und besonders seit ich bei Marie-Dominique Chenu die Interpretation des Modernismus als «Wachstumskrise» gelesen habe.[99] Liessen sich nicht all die sogenannten Spaltungen der Christenheit als solche Wachstumskrisen sehen? Und führte das nicht zu ganz anderen Beurteilungen?

Abschliessend komme ich auf mein Eingangsbild von der Eröffnung des Konzils zurück. Der dicke Sockel verstellte mir die Sicht auf den Papst, das stimmt; aber ich konnte doch etliche seiner Gesten, sein Aufstehen und Hinsetzen, ja sogar seine Kreuzzeichen, wenn auch in allen möglichen Varianten, wie in einem Spiegel mitverfolgen. Den Spiegel bildeten die Beobachter-Delegierten der anderen christlichen Kirchen. Sie, die offiziell Fernen und Getrennten, wollte Papst Johannes in dieser Stunde am nächsten um sich haben. Und so blickte auch ich auf dieses Halbrund, eine Art Vertretung der ganzen Christentumsgeschichte, von den frühchristlichen Armeniern über die Orthodoxen und die Reformationskirchen bis hin zu den Christkatholiken, ja bis zu den Brüdern von Taizé. Jeder folgte auf seine Weise der liturgischen Handlung, aber alle zusammen bildeten sie die Hoffnung ab, die Hoffnung, die Papst Johannes ausstrahlte.

98 R. Guardini, Glaubenserkenntnis. Versuche zur Unterscheidung und Vertiefung. Als Herder-TB Nr. 141, Freiburg u. a. 1963, S. 108–126: Glaubensgeschichte und Glaubenszweifel.

99 M.-D. Chenu, Une Ecole de Théologie. Le Saulchoir. 1937. Als Neudruck mit Beiträgen von G. Alberigo, M.-D. Chenu, E. Fouilloux, J.-P. Jossua, J. Ladrière. Cerf, Paris 1985.

Zweites Kapitel

Johannes XXIII.: «Dieser Geist der Einfachheit...»

Das Sterben von Papst Johannes am 3. Juni 1963 (Pfingstmontag) vollzog sich in einer unzählige Menschen einbeziehenden Kommunikation. Ein Kranken- und Sterbezimmer, hier wurde es zu einem einzigartigen, nach allen Weltrichtungen hin offenen Segensraum. Was das ganze Pontifikat ausgezeichnet hatte, verdichtete sich jetzt: Alle möglichen Konventionen jener seltsamen Mischung von «päpstlicher Familie», «päpstlichem Hof», päpstlicher Diplomatie und päpstlicher Kirchenleitung durchdrang und überstrahlte eine Persönlichkeit, deren Menschlichkeit und Gläubigkeit zu einer Einheit gereift war, die alles Widersprüchliche ihres traditionellen Wirkungsrahmens hinter sich liess.

Die tiefgehende, ganz persönliche Betroffenheit von Menschen jeden Alters, jeder Bildungsstufe und verschiedenster Religions- und Kirchenzugehörigkeit beim «Leiden und Sterben des Konzilspapstes»[1] ist seinerzeit ein «soziologisch erstaunliches Phänomen» genannt und zu einem schönen Teil den Massenmedien zugeschrieben worden. Weil sie der Enzyklika *Pacem in terris* ein so gutes Echo verliehen hätten, habe sich die universale Friedenssehnsucht mit dem Namen Johannes' XXIII. verknüpft. Robert Rouquette SJ, der darob in den *Etudes* von einem «Mythos» Roncalli schrieb und davor warnte, hat aber seinen in den Tagen nach

[1] Titel einer Dokumentation der KNA über ihre Meldungen vom 31. Mai bis 3 Juni 1963.

dem Tod des Papstes verfassten Aufsatz mit den Worten «Das Geheimnis Roncalli» (*Le mystère Roncalli*) überschrieben.[2] Er ging dabei vom Kontrast zwischen dem in Frankreich unerkannten (wenn nicht verkannten) Nuntius Roncalli in Paris und der «ausserordentlichen Persönlichkeit» des Konzilspapstes Johannes aus. Er nannte alles mögliche, was katholische Intellektuelle und nicht zuletzt ihn selber, den scharfsinnigen Beobachter kirchlichen und ökumenischen Geschehens, an Roncalli irritiert hatte und stellte dem gegenüber, was hinter den eher belanglosen Äusserungen des unverhofft auf den hohen Pariser Posten gelangten päpstlichen Diplomaten verborgen geblieben war und was erst die Veröffentlichung einiger von ihm zwischen 1916 und 1956 geschriebenen Briefe zutage förderte. Er entdeckte darin eine reiche Persönlichkeit mit einem tiefen inneren Leben, einer «heroischen Demut» und einer «evangelischen Einfachheit» (*simplicité*). Er kommentierte diese Entdeckung mit dem lapidaren Satz, dass er – im Unterschied zu Pius XII. – bei Johannes XXIII., käme es zu seiner Kanonisation, «nicht überrascht» wäre.[3] Die Entdeckung betraf somit in erster Linie den religiösen Menschen Roncalli. «Heroisch» nannte Rouquette dessen Demut, weil sie so sehr vom Karrieregeist abstach, den manche nicht zuletzt ob der in der päpstlichen Diplomatie gebotenen Möglichkeiten des «Emporkommens» in der Kirche am Werk sahen. Johannes entwickelte gegen dieses Gift[4] ein wirksames Gegenmittel: den dauernden Kontakt und die bewusst gepflegte Treue zu den eigenen Ur-

[2] Erstveröffentlichung in: Etudes 96 (1963), S. 4–18. Vgl. R. Rouquette, Vatican II. La fin d'une Chrétienté. Chroniques, tome I, Paris 1968, S. 307–322 (mit neuer Einleitung und zusätzlichen Anmerkungen).

[3] Rouquette, der dies schrieb, bevor Paul VI. am Ende des Konzils für *beide* Päpste die Eröffnung eines Seligsprechungsprozesses ankündigte, hielt auch danach – vgl. Anm. 1., S. 309 im erwähnten Band – an seiner Äusserung fest.

[4] In einem der von Rouquette (S. 310) zitierten Briefe (an einen offenbar wegen Misserfolgs frustrierten Freund) nannte Roncalli die Menschen, die auf Ehrungen aus sind, die «lächerlichsten und armseligsten Kreaturen der Welt», während

sprüngen in einer armen Landarbeiterfamilie. Zeugnis dafür sind vor allem die Briefe an die eigene Familie.

Briefe an die Familie

Die von Rouquette zitierten Briefe an die eigene Familie entstammten einer blossen Kostprobe, die der ersten, mehr oder weniger offiziösen Papstbiographie von Leone Algisi (Turin 1959) beigegeben waren. Der sie veröffentlichte, hatte auf seinen für das Buch unternommenen Reisen nach seinen eigenen Worten «Hunderte von Briefen» gefunden, die aufgehoben worden waren und die Roncalli als Seminarist, Priester, Bischof und Kardinal geschrieben hatte. Er wählte ihrer zwanzig aus, von denen aber nur die drei ersten an die Familie, genauer zwei an die Eltern und einer an den Vater, gerichtet waren.[5] Im ersten früheren, den Roncalli aus Anlass ihrer goldenen Hochzeit an seine Eltern schrieb, dankt er Gott, dass die ganze Familie «diesen Geist der Einfachheit, der ehrenhaften Armut, der Gottesfurcht und der Anspruchslosigkeit» bewahrt habe, was alles zusammen «Grund zum Frieden» sei. Im drei Jahre später, «am ersten Tag seines 50. Lebensjahres» den Eltern geschriebenen Brief erinnert er an die Tatsache, dass er das Elternhaus schon mit ungefähr zehn Jahren verlassen und hernach viele Bücher gelesen und viele Dinge gelernt hätte. «Aber», so fügt er hinzu, «die wenigen Dinge, die Ihr mir zu Hause beigebracht habt, sie sind um vieles kostbarer und wichtiger, ja sie geben allem übrigen den Halt, das Leben und die Wärme.» Der Brief[6] sei hier in vollem Wortlaut wiedergegeben:

er einem beförderten Monsignore humorvoll die neue Ehre als etwas im Lebenslauf Unvermeidliches anzusehen riet (Brief vom 31. März 1948 aus Paris).

5 Deutsch: L. Algisi, Johannes XXIII., München 1960 (die zwei im folgenden zitierten Briefe an die Eltern vgl. S. 307–309).

6 Datiert vom 26. November 1930 aus Sofia, Ulitza Mussulà 2, ist dieser Brief erstaunlicherweise nicht in die unten angezeigte zweibändige Briefsammlung eingegangen, wo sein Platz zwischen Nr. 174 und 175 wäre. Ich habe ihn an Pfingsten

Sofia, Ulitza Mussulà, 2,
den 26. November 1930

Meine lieben Eltern,
Diesen Tag, der der erste meines fünfzigsten Lebensjahres ist, möchte ich nicht beenden, ohne ein besonderes Wort für Euch, denen ich mein Leben verdanke.

Heute, beim Morgengebet, habe ich ganz besonders Eurer gedacht, und ich habe dem Herrn wiederum dafür danken müssen, dass er mir fünfzig Jahre lang so gute und gottesfürchtige Eltern, wie Ihr es seid, zur Seite gab und mehr noch, dass er Euch bis heute eine gute Gesundheit und die begründete Hoffnung auf ein noch langes Leben geschenkt hat.

Lasst uns miteinander Gottes Vorsehung loben!

Lasst uns darin beständig bleiben, dass wir IHR uns überlassen für Leben und Tod.

Das ist die beste Art zu leben:

sich dem Herrn anvertrauen,
den Frieden des Herzens bewahren,
alles von der guten Seite nehmen,
Geduld bewahren
und allen Gutes tun, nie Böses.

Seitdem ich mit zehn Jahren von daheim wegging, habe ich viele Bücher gelesen und vieles gelernt, was Ihr mir nicht hättet dozieren können. Aber was immer ich in der Folgezeit durch so viele Jahre des Studiums mir angeeignet haben mag: die wenigen Dinge, die Ihr mir zu Hause beigebracht habt, sie sind um vieles kostbarer und wichtiger, ja sie geben allem übrigen den Halt, das Leben und die Wärme.

Von ganzem Herzen wünsche ich, dass unsere Familie immer dem treu bleibe, was unsere Vorfahren uns gelehrt und vorgelebt haben.

1978 im «Geburtshaus» in Sotto il Monte eingerahmt vorgefunden, abgeschrieben und übersetzt.

Wenn sie damit auch nicht überreich an Geld wird, so wird sie doch an jenen geistlichen Werten reich sein, die selbst vor dem Angesicht der Welt die Ehre eines Hauses ausmachen. Und sie werden uns das Eine sicherstellen, dass wir alle, keines ausgenommen, in der Fröhlichkeit des Himmels vereint sein werden.

Angelo Giuseppe Roncalli

Konnte man also diese Briefe schon zu Lebzeiten des Papstes lesen, so musste eine umfassende, ursprünglich für den achtzigsten Geburtstag (1961) projektierte und von Papst Johannes auch gebilligte und von ihm selber auf kleine Fehler oder Lücken (Namen, Orte) hin durchgesehene Sammlung wegen Überlastung des Herausgebers, Loris Capovilla, dem Sekretär und Nachlassbetreuer des Papstes, bis 1968 auf das Erscheinen warten – dafür waren sie nun mit Anmerkungen versehen. Nicht weniger als 727 an der Zahl waren sie alle an Familienangehörige gerichtet und füllten – unter dem Titel *Lettere ai familiari* zwei Bände: 1901–1944, 1945–1962.[7] Den Einschnitt bildete die Berufung nach Paris, aufgrund derer Roncalli plötzlich im Rampenlicht der grossen Welt steht. Wie er dort unter den Diplomaten aufrichtig und er selber bleiben könne, wurde er eines Tages von seinem Neffen Battista gefragt. Die Antwort war eine doppelte. Zunächst mündlich (der Neffe war zu Besuch in Paris): «Indem ich immer die Wahrheit sage, obwohl die andern das Gegenteil vermuten»; sodann schriftlich in einem der (besonders lesenswerten!) an Battista gerichteten Briefe: «Wenn ich mit ihnen (den Diplomaten) verhandle, denke ich immer an die Einfachheit unserer Felder, unserer Familie.»[8]

Schon diese wenigen Zitate aus den Briefen dürften ahnen las-

[7] Deutsch: Johannes XXIII., Briefe an die Familie. 2 Bände, Freiburg u. a. 1969 und 1970.

[8] Brief vom 16. Januar 1947 (a. a. O. II, S. 74). Auf die Vorgeschichte dieses Briefes (Besuch in Paris) hat mich Msgr. Battista Roncalli in Sotto il Monte Pfingsten 1978 hingewiesen. Vgl. L. Kaufmann, Bei den Roncallis. Orientierung 42 (1978), S. 109, wiederabgedruckt im Anhang dieses Bandes.

sen, was Capovilla als kennzeichnend für ihren Stil insgesamt nennt: die Natürlichkeit und der vertrauliche Ton des Gesprächs, die Unmittelbarkeit, die «keine Barrieren der Bildung (der Bildungsunterschiede) duldet», die völlige Durchsichtigkeit seines Wesens, die «überall zu spüren ist und die kraftvoll ausstrahlt...» Der immer wiederkehrende Ausdruck «Einfachheit» (*semplicità*) erscheint als der Inbegriff einer ganzen «Kultur der Armen». Capovilla scheut sich nicht, die Briefsammlung die «Geschichte einer einfachen Landarbeiterfamilie in ihren Lebensbedingungen und Schwierigkeiten, mit ihrer alles durchdringenden Armut» zu nennen.[9] Dabei sei sie «gewiss kein Handbuch, um die Armen zu lehren, sich fatalistisch in jede Lebenssituation zu ergeben». Er sieht vielmehr in ihr ein «fortwährendes Loblied auf die Heiligkeit des armen Volkes», einen «beständigen Akt des Glaubens an die Gegenwart Gottes in der Geschichte», und er hört eine «Kraft der Armen» heraus: Bezeugt werde eine «im Geist des Evangeliums erlöste Armut», die ihren «unerschöpflichen inneren Reichtum» erweise. Die Vermutung, die vielleicht diese Einschätzung Capovillas wecken könnte, dass Roncalli einer irgendwie schwärmerischen Idealisierung der Armut verfallen sei, wird durch nicht wenige Briefpassagen entkräftet, die den fernen Bruder, Sohn und Onkel Nuntius sehr konkret von der Armut der Familie in Sotto il Monte mitbetroffen zeigen. Vor allem angesichts der Not, die jeweils der Winter in das Gebiet der lombardischen Voralpen brachte, sieht er sich genötigt, auch materiell zu helfen. «Ihr seid die ersten Armen», kann er dann zur Rechtfertigung seiner Caritas schreiben.

Halten wir hier einen Augenblick inne. Entdeckte Robert Rouquette bei seiner ersten Lektüre von Roncalli-Briefen vor allem die «Heiligkeit» von Papst Johannes, so sehen wir jetzt, dass die Briefe auch etwas mit «Kultur» zu tun haben und dass sie hinsichtlich der Heiligkeit nicht nur die Persönlichkeit von Angelo Ron-

[9] So im Vorwort, vgl. deutsche Ausgabe, Bd. I, S. 13f..

calli, sondern auch deren Wurzelgrund, die in der Armut gelebte Gläubigkeit der Familie, ans Licht heben.

Das Geistliche Tagebuch

Nun ist aber, wie gesagt, die erste grosse Briefsammlung erst 1968 erschienen. Vorgängig, im Jahr 1964, hatte Capovilla persönliche Aufzeichnungen des Papstes publiziert, die dieser seit der Zeit, da er als 14jähriger Mittelschüler im Kleinen Seminar von Bergamo die Tonsur erhielt, vornehmlich anlässlich der jährlichen Exerzitien in kleine Hefte eingetragen hatte und für die er, Papst geworden, im Hinblick auf eine mögliche posthume Publikation (*Post mortem meam*) selber die Sammelüberschrift *Il giornale dell' anima* erfand. Diese, mit einer Reihe weiterer «geistlicher Schriften»[10] angereicherte Publikation erlebte eine Vielzahl von Übersetzungen (deutsch als «Geistliches Tagebuch»)[11] und wurde international zum Bestseller. Es liesse sich da wohl nochmals von einem «soziologisch erstaunlichen Phänomen» reden. Wir wissen allerdings nicht, wie viele das Buch nur kauften und dann bald einmal weglegten, weil ihnen darin seitenlang ein devotionaler Stil aus penetrant klerikalem Milieu begegnete, mit dem sie für sich selber wenig anfangen konnten.[12] Sicher aber lässt sich sagen, dass

[10] Vier Briefe, darunter ein «Geistliches Testament ‹an die Roncalli› (1961), ferner ein ausführlicheres «Geistliches Testament» aus der Zeit von Venedig, vornehmlich auf den dortigen Klerus bezogen, sodann eigentliche testamentarische Verfügungen und schliesslich noch Erwägungen zum Rosenkranz und eine Anzahl von Gebeten.

[11] Herder, Freiburg 1964, ^{9}1965; in der Herder-Taschenbücherei Bd. 304/305, 1968 mit einem Nachwort von Hannah Arendt: Der christliche Papst.

[12] Vgl. dazu die weiter oben wiedergegebene Reaktion von Hannah Arendt, wovon hier noch die abschliessende Einschätzung angefügt sei: «Die Einfalt dieses Glaubens, von keinem Zweifel verwirrt, von keiner Erfahrung erschüttert, von keinem Fanatismus – ‹der auch bei unschuldiger Absicht immer schädlich ist› – verzerrt, ist grossartig als Tat und lebendiges Wort, aber auf der gedruckten

diese Publikation in breiten Kreisen zunächst die Tendenz verstärkte, in Papst Johannes nur noch den «heiligen Mann» eines ergreifenden inneren Lebens und Strebens zu sehen und darob zur gleichen Zeit seine Weisungen und Zielsetzungen für die Kirche und das von ihm eröffnete Konzil in den Hintergrund treten zu lassen und so zu vergessen, worin sich sein prophetischer Geist geäussert hatte.

Hier ist auf die Warnungen und Empfehlungen von Kardinal Lercaro zurückzukommen, die schon im ersten Kapitel erwähnt wurden. Sie kamen einer grundlegenden Standortbestimmung im Hinblick auf den Abschluss des Konzils und darüber hinaus gleich. Lercaro fragte herausfordernd: «Leisten wir Papst Johannes noch Gefolgschaft?» Gemeint war die Frage, ob und wieweit das Konzil, das gerade seine dritte Session hinter sich gebracht hatte, das «Programm» und die Zielsetzung, die ihm «und unserer ganzen Generation» von Papst Johannes nahegelegt worden waren, eingeholt oder allenfalls noch kaum zu begreifen begonnen habe. Lercaro gab zu, dass im Sinne der «Quantität» der aufgewendeten Zeit und der aufgeworfenen Themen das Konzil wohl über die Vorstellungen von Papst Johannes hinausgegangen sei. Zugleich machte er deutlich, dass im qualitativen Sinne, vor allem auf der Ebene der Tat und der verantwortungsvollen Entscheidung und deshalb auch im Rahmen der damit betrauten Instanzen und Institutionen Papst Johannes weitgehend alleingelassen worden war. In dieser Hinsicht sah er das Konzil auf einen «toten Punkt» zugehen, und das mochte wohl auch heissen, dass es ihm mittlerweile an Entscheidungswillen und Entscheidungsfähigkeit fehle. Tatsächlich war die dritte Konzilssession mit dem Trauma des «schwarzen Donnerstags» (19. 11. 1964) zu Ende gegangen, an welchem Optionen des Ökumenedekrets durch päpstliche Retouchen abgeschwächt und die Abstimmung über das Dekret zur Re-

Seite eintönig und lahm, ein toter Buchstabe.» (Vgl. das in Anmerkung 10 erwähnte Nachwort, S. 369.)

ligionsfreiheit verschoben worden war. Vor allem aber dürfte es Lercaro beschäftigt haben, dass sich zur Verwirklichung der «Kollegialität» (im Sinne der Mitverantwortung des Episkopats an der Leitung der gesamten Weltkirche) keine konziliare Entscheidung für ein konkretes Modell von «Bischofsrat» oder dergleichen abzeichnete,[13] eine Entscheidung, die dann Paul VI. ja an sich riss und zu Beginn der vierten Sitzungsperiode dem überraschten Konzil als *seine* Schöpfung einer (bis auf weiteres rein konsultativen) «Bischofssynode» bekannt machte.

Wie dem immer sei: Lercaro gab die Schuld an der drohenden Entwicklung zum «toten Punkt» dem Verlust eines Leitbildes, wie es zu seinen Lebzeiten und bei seinem Sterben Papst Johannes gewesen war. Er meinte weniger, dass dieses Bild inzwischen verblasse, sondern dass es in zwei Hälften – hier die persönliche Heiligkeit, dort die päpstliche Amtsführung – auseinanderzufallen drohe. Deshalb schien es ihm so dringend – für eine Einwirkung auf das Konzil blieb kaum mehr Zeit! –, dass eine ernsthafte Forschung einsetze, die zur Skizzierung der religiösen Gestalt noch mehr auf deren geschichtliche Handlungen (und den entsprechenden Kontext) achtet und die beim Aufweis der geschichtlichen Bedeutung des Papstes noch mehr deren geistig-geistliche Quellen studiert. Besonderen Spürsinn sollte man aufwenden, um zu erfassen, was für eine Bildung und Kultur Roncalli in sich aufgenommen, wie er sie persönlich verarbeitet und sozusagen in sich verkörpert habe. Unter dem «Material», das Lercaro zum Studium

[13] Kardinal Lercaro hatte während der zweiten Sitzungsperiode (8.11.1963) zur Kurienreform und besonders im Hinblick auf eine repräsentative Vertretung des Weltepiskopats beim Papst (Schaffung eines «neuen Organs», das – den Kompetenzen des mittelalterlichen Konsistoriums vergleichbar – vom Papst für die «causae maiores» zur Beratung und Entscheidung beigezogen würde) die Einsetzung einer speziellen Konzilskommission verlangt. Obwohl von Kardinal Rugambwa, vom Episkopat Venezuelas und von einigen französischen Bischöfen unterstützt, blieb der Antrag folgenlos. Vgl. L. Lercaro, Per la forza dello spirito. Discorsi conciliari, Bologna (Dehoniano) 1984, S. 197–205 (Text der Ansprache), hier 205, Anm. 19 (mit weiteren Verweisen).

empfahl, war neben amtlichen Äusserungen (zum Konzil) das damals gerade vorliegende «Geistliche Tagebuch» genannt.

Man weiss heute, dass der Kardinal von Bologna und sein Berater, Professor Giuseppe Dossetti, sich bei der Vorbereitung des Vortrags intensiv über das *Giornale* gebeugt hatten.[14] Aufgrund des Aufrufs von Lercaro hat sich dann sehr bald der Vorarlberger Newmanforscher Franz Michel Willam an die Arbeit gemacht. Ihm ging es darum, für das *aggiornamento*, wie es Papst Johannes in der Eröffnungsansprache des Konzils (mit der Unterscheidung zwischen der «Substanz» des Christlichen und der zeitgemässen Hülle) formuliert hatte, Vorstufen und vorbereitende Überlegungen im schriftlichen Nachlass zu finden. Er entdeckte in den Aufzeichnungen des einundzwanzigjährigen Angelo Roncalli eine Seite von existentieller Bedeutung, die einer Mutation im Glaubensleben – weg von der «Imitation» hin zur kreativen Nachfolge – gleichkam.[15] Der biographische Kontext der Eintragung ist im weiteren Sinn die Rückkehr ins römische Seminar nach einem einjährigen Militärdienst (25. November 1902), im unmittelbaren Sinn ist es die (vom 16. Dezember bezeugte) Begegnung mit einem neuen geistlichen Ratgeber, dem Redemptoristenpater Francesco Pitocchi, von dem u. a. sein Motto «Gott ist alles, ich bin nichts» stammt und dem Roncalli später (1922) das Zeugnis ausstellen wird, er habe sich wunderbar den verschiedenen Charakteren der Studenten und den unterschiedlichen Lebensumständen anpassen können. Kurz und gut, unter dem 16. Januar 1903 – sehr wahrscheinlich nach einer (weiteren) Begegnung mit Pater Pitocchi am Vorabend – notiert er eine fundamentale Entdeckung und dass es ihm wie Schuppen von den Augen fiel:

[14] Vgl. Anmerkung 12 der Prolegomena zu der unten erwähnten kritischen Ausgabe des Geistlichen Tagebuchs.

[15] F. M. Willam, Vom jungen Angelo Roncalli 1903–1907 zum Papst Johannes XXIII. 1958–1963, Innsbruck 1967. Vgl. L. Kaufmann, Johannes XXIII.: Nachfolge statt Nachahmung. Zum Erfahrungshintergrund seiner Ansprache zur Konzilseröffnung, in: Orientierung (46) 1982, S. 209f..

Mit einer Gewalt, dass ich es mit Händen greifen kann, bin ich von einer Sache, nämlich davon überzeugt: Die Vorstellung, die ich mir von der Nachahmung der Heiligkeit anderer gebildet habe, ist falsch! Bei meinen geringfügigen einzelnen Handlungen, bei meinen kleinen, von mir sofort festgestellten Verfehlungen rief ich mir das Bild irgend eines Heiligen in Erinnerung, den ich auch in allen Kleinigkeiten nachzuahmen mir vorgenommen hatte. Ich machte es wie ein Maler, der ein Bild Raffaels Zug um Zug genauestens kopiert. Ich sagte immer: Hätte der hl. Aloisius in dem und dem Stück so und so gehandelt, hätte er nicht dieses oder jenes andere getan usw. So kam es dazu, dass ich niemals so viel erreichte, als ich erreichen zu können mir eingebildet hatte, und das beunruhigte mich. Das System ist falsch!

Von den Tugenden der Heiligen muss ich die Substanz und nicht die Akzidentien übernehmen. Ich bin nicht der hl. Aloisius. Ich muss mich nicht genau auf die Weise, wie er es getan hat, sondern auf die Weise heiligen, wie mein von ihm verschiedenes Wesen, mein Charakter, meine von den seinen verschiedenen Lebensbedingungen es mit sich bringen. Ich habe nicht die magere und steckendürre Reproduktion eines allenfalls noch so vollendeten Heiligentyps zu sein. Gott will, dass wir in Nachahmung der Beispiele der Heiligen den lebendigen Saft – il succo vitale – *ihrer Tugenden in uns einsaugen, ihn in unser Blut umwandeln und den uns eigenen Veranlagungen und besonderen Lebensumständen anpassen* – adattare. *Wäre der hl. Aloisius jener, der ich bin, würde er auf einem anderen Wege heilig werden, als auf jenem, den er eingeschlagen hat.*[16]

Dass diese Aufzeichnung eine «Wende» im inneren Leben Roncallis zum Ausdruck bringt, ist auch für die heutigen Forscher evident. Giuseppe Battelli, der dem Einfluss Pitocchis auf Roncalli nachgegangen ist und dabei den fundamentalen «Pessimismus» des ersten auf den «angeborenen» bzw. aus einer ungetrübten

[16] Vgl. Willam, a.a.O., S. 32f. (woher die Übersetzung übernommen wurde). In der kritischen Ausgabe von Melloni, S. 233f. mit Anm. 17–21.

Kindheit stammenden «Optimismus» des zweiten stossen sah, stellt als Datum der beginnenden Wende allerdings schon den 16. Dezember 1902, also eben das im Tagebuch eingehend gewürdigte Gespräch mit dem lang ersehnten und nunmehr gefundenen «Meister» des geistlichen Lebens heraus.[17] Als biographischer Kontext wird noch die für Roncalli bestimmt wichtige, im *Giornale* aber nur in lakonischer Kürze erwähnte Tatsache genannt, dass in den Tagen zuvor «die Vorgesetzten» Roncallis sehnlichen Wunsch, ein «Spezialstudium» (im Hinblick auf ein intensiveres apostolisches Wirken) zu absolvieren, abgelehnt hatten. Batelli kennt auch frühere Eintragungen im Tagebuch, nach denen es für Roncalli schon mit siebzehn Jahren (1898) eine ausgemachte Sache war, er müsse ein Heiliger werden. Dass dazu «Modelle» nötig waren, die sich «kopieren» liessen, gehörte an der Jahrhundertwende in der Seminarerziehung tatsächlich zum «System». Wenn nun Pitocchi zwar die «vielerlei möglichen Wege» zur Heiligung betonte, andererseits das Streben nach Heiligkeit doch als etwas Systematisches mit «Studium» und «Kampf» Verbundenes darstellte, ist es nicht mehr so verwunderlich, dass der einundzwanzigjährige Angelo Roncalli seine neue Einsicht wie einen «Systemwechsel» empfindet. Aber bemerkenswert ist, dass er sich von *seinem* früheren «System» absetzt (ohne Bezug auf ein Milieu) und dass er die Einsicht als solche nicht mit einem Ratschlag des Seelenführers in Beziehung bringt, sondern als seine ureigenste erfährt.

Ob Roncalli, wie Willam meinte, hier bereits das «Gesetz der historischen Differenzierung» im Sinne von J. H. Newmans *Essay on the Development of Doctrine* für sich entdeckt hat oder ob ihm die spezifische Problematik des zeitlichen, geschichtlichen Ab-

[17] G. Battelli, La formazione spirituale del giovane Angelo G. Roncalli. Il rapporto col redentorista Francesco Pitocchi, in: G. Alberigo u. a., Fede, tradizione, profezia. Studi su Giovanni XXIII e sul Vaticano II, Paideia, Brescia 1984, S. 13–104, hier 33–67.

stands zwischen uns und unsern «Vorbildern» nicht erst etwas später aufging, wie Battelli aufgrund einer kurzen Eintragung von 1910 nahelegt, braucht uns hier nicht weiter zu kümmern. Generell ist uns heute eine neue Lektüre des *Giornale* möglich, seitdem Alberto Melloni im Jahre 1987 eine hervorragend annotierte kritische Ausgabe herausgebracht hat.[18] Für diese Ausgabe wurde der Textkörper zunächst in seine ursprünglichen materiellen Bestandteile (verschiedene Heftchen) zerstückelt und sodann die Textgestalt rekonstruiert. Melloni ging vor allem der Frage der literarischen Einheit nach. Er untersuchte, wie sich im Laufe der Jahre Roncallis Vokabular anreicherte und was sich davon in einer progressiven, dynamischen Kontinuität durchhielt. Zugleich kam er nicht nur Roncallis bevorzugten Quellen auf die Spur, sondern wie er deren Aneignung immer wieder vertiefte. In den Anmerkungen findet der Interessierte viele Querverweise zur Zeitgeschichte und zum jeweiligen Sprachgebrauch, ferner Belege zu allen direkten und indirekten Zitaten.

Das Evangelium – erste Quelle der Einfachheit

Diese Ausgabe veranlasst uns, selber – gewissermassen zur Probe aufs Exempel – einige Texte des *Giornale* näher anzuschauen. Wir wählen dazu im Anschluss an die eingangs aufgeführten Briefzitate Aufzeichnungen, die – im Zusammenhang mit dem Älterwerden und dem näherkommenden Tod – mit der «Einfachheit» bzw. mit dem Einfachwerden zu tun haben.

Den Anfang machen wir bei einem schon einmal erwähnten Einschnitt im Leben Roncallis, der völlig unerwarteten Berufung auf den Posten eines päpstlichen Nuntius in Paris. Dass er diese

[18] Angelo Giuseppe Roncalli/Giovanni XXIII, Il Giornale dell' Anima. Diari e scritti spirituali. Editione critica ed annotazione a cura di Alberto Melloni. Istituto per le Scienze religiose, Bologna 1987, 813 Seiten.

Beförderung nach «genau 20 Jahren Orient» ganz und gar nicht gesucht hatte, gab ihm die innere Sicherheit und Ruhe gemäss seinem Leitspruch «Gehorsam und Frieden» (*oboedientia et pax*), den er darin, wie sich alles gefügt hatte, «einmal mehr bestätigt» sah. Er fühlte sich «jung, rüstig, agil und frisch» in seiner neuen Aufgabe, aber, so notierte er Ende März 1945, «ein Blick in den Spiegel genügt, um über meine wirkliche Verfassung zu urteilen». Er war 64jährig und fand, es gehe jetzt «entschieden dem Alter zu». «Das ist die Zeit der Reife. Ich muss also mein Bestes tun und bedenken, dass mir vielleicht nur noch wenig Zeit beschieden ist.» König Hiskja kam ihm in den Sinn, der sich beim Gedanken an den Tod zur Mauer wandte und weinte: «Ich weine nicht», fügte Roncalli hinzu.[19]

«Der vielleicht schon nahe Tod und die Vorbereitung darauf» beschäftigten ihn auch am Ende des dritten Jahres seiner Pariser Nuntiaturzeit. Im begonnenen 67. Lebensjahr, so meinte er, müsse man auf alles gefasst sein. Das Wissen um die eigene Nichtigkeit nannte er seinen «treuen Begleiter», es mache sein Gottvertrauen zu «Selbstverständlichkeit», und die Beschäftigung mit der Heiligen Schrift und der «Nachfolge Christi» brächte ihn zu «immer mehr Einfachheit».[20] An seinem nächsten Geburtstag (25. 11. 1948) kehrt das Thema der Reife wieder, um erneut in das der Einfachheit zu münden: «Alles – Grundsätze, Ziele, Positionen, Geschäfte – auf mehr Einfachheit reduzieren... geradewegs auf Wahrheit, Gerechtigkeit und Barmherzigkeit zugehen, ja Barmherzigkeit vor allem.» Das Stichwort Einfachheit verbindet er hier ausdrücklich mit dem Evangelium, mit dem Buch der

[19] a. a. O., S. 598–603. Diese Aufzeichnung enthält auch noch den Hinweis auf die Konzentration auf die «theologischen und die Kardinaltugenden» (von denen er aber ausführlicher nur die Klugheit erwähnt): A dare semplicità a tutto ricorderò le virtù teologali e le cardinali. La prima delle cardinali è la prudenza. (Vgl. deutsche Ausgabe, S. 290.)

[20] a. a. O., S. 604–613, hier 607: «... così semplifico sempre più e mi trovo meglio (man beachte das Verbum!). Vgl. deutsche Ausgabe, S. 292 (Nr. 6).

Nachfolge Christi, mit den *Fioretti* des heiligen Franz und mit seiner bevorzugten Kirchenväterlektüre, den *Moralia* des heiligen Gregors des Grossen. Im Lichte solcher *semplicità*, die für ihn auch Geradheit und Lauterkeit bedeutete, machen ihm «all die Schlauen und Gerissenen dieser Erde, auch manche der vatikanischen Diplomatie» eine «armselige Figur».[21]

Einfacher und reifer werden ist offenbar für Roncalli gleichbedeutend. Die *semplicità* ist für ihn alles andere als die Simplifizierung des Demagogen oder die Naivität des Unerfahrenen. Sie hat mit «Anstand und echter Vornehmheit» zu tun und verlangt «Übereinstimmung mit den Erfordernissen von Zeit, Ort und Umständen». Und so zitiert er zum Abschluss dieser Überlegungen seinen «grossen Patron aus dem Orient», den heiligen Chrysostomus, wie er ihn auf lateinisch im Ohr hat: *Hoc est philosophiae culmen, simplicem esse cum prudentia.* «In Klugheit einfach sein» wäre demnach «höchste Philosophie», oder besser, höchste Kultur.

Diese kurze Tagebuchnotiz vom November 1948 bietet nicht wenig Information über Roncallis geistliche Bildung und darüber, aus welchen erstrangigen Quellen sie sich speiste. Hier ist nochmals Kardinal Lercaro mit seinem erwähnten Vortrag zu zitieren. Indem er nämlich drei Gruppen kirchlicher Gebildeter unterschied (Menschen der Quellen, Menschen der Schulbücher und Menschen, die sich an Essays geschult haben), klassierte er Roncalli in der ersten und nannte ihn einen Mann, dessen «Kultur sich formte im langen, treuen und ausdauernden Überdenken (wörtlich: Zermahlen) der ersten Quellen der christlichen Überlieferung: der Heiligen Schrift, der Liturgie, den Kirchenvätern und den Schriften und Werken vom einen oder anderen grossen Bischof und Ordensgründer, wie Karl Borromäus und Lorenzo Giustiani, denen er

[21] a.a.O., S. 614–620, hier 616f. (la semplicità del Vangelo, del libro dell'imitazione di Cristo... usw.) Vgl. deutsche Asgabe, S. 295f.

nacheiferte». Wenn sich dabei nach Ausweis der Forschungen Mellonis[22] in der Art, wie sich Roncalli seine Quellen aneignet, wie er sie zeitweise wörtlich und später aus dem Gedächtnis zitiert oder sogar in sein eigenes Vokabular übersetzt, verschiedene Perioden unterscheiden lassen, so offenbart sich doch in dieser jahrzehntelang und bis in die letzten Monate seines Lebens fortgesetzten Art des «Überdenkens» eine tiefgreifende Kontinuität.

Bemerkenswert ist dabei, dass Stil und Wortschatz der Aufzeichnungen des zum Papst Erwählten in Rom sich wieder mehr denen des Studenten nähern, die Melloni im Vergleich zu anderen Perioden «intellektuell» nennt. Dies aber bedeutet, dass die prophetische Perspektive in der Zielsetzung für das Konzil und überhaupt für das Lehramt der Kirche, wie sie in der Eröffnungsansprache vom 11. Oktober zum Ausdruck kam, tatsächlich die reife Frucht eines ganzen Lebens war und dass ein Zusammenhang besteht zwischen der Einsicht Angelos, es gelte die Heiligen (und Jesus selber) nicht zu imitieren, sondern die «Substanz» bzw. den «lebendigen Saft» ihrer Heiligkeit in den eigenen Charakter und in die eigenen Lebensumstände hinein zu «verwandeln» und der Weisung Johannes' XXIII., es seien auf dem Konzil nicht frühere lehramtliche Formulierungen zu wiederholen, es sei vielmehr der Kern (die «Substanz») des Christlichen von der Hülle (*rivestimento*) zu unterscheiden, die es nun eben der heutigen bzw. der jeweiligen Denk- und Empfindungsweise der Menschen in ihren konkreten Lebenssituationen anzupassen (*adattare*) gelte. Dabei dürfte gerade in der beständigen Suche nach evangelischer Einfachheit jene kreative Nachfolge bestanden haben, die in Roncalli den Sinn für den

[22] Vgl. A. Melloni, «Sermo Durus Brevis, Prudens et Rectus»: études sur «Il Giornale dell'Anima» de A. G. Roncalli, Pape Jean XXIII, in: Histoire moderne et contemporaine et informatique, Nr. 7, 1985, S. 101–140. Ders., Le fonti di A. G. Roncalli: «Il giornale dell'anima», in: Cristianesimo nella storia 4 (1983), S. 103–172.

«Kern» oder für das «Wesentliche» schärfte und es ihm erlaubte, als «die Zeit gekommen war», seine frühe Erfahrung und gereifte Einsicht in einer seltenen Einheit von Person und Amt für die ganze Kirche auszumünzen.

Drittes Kapitel

Johannes XXIII.: «Gaudet Mater Ecclesia...»

Die Konzilseröffnungsrede und ihre Entstehung

Nicht nur ihr einzigartiger «autobiographischer Ort», wie er in den vorangehenden zwei Kapiteln dargestellt wird, und nicht nur ihr Kennzeichen als eine der grundlegenden Amtshandlungen von Papst Johannes XXIII. zeichnet die Rede zur Eröffnung des Zweiten Vatikanischen Konzils *Gaudet Mater Ecclesia* (11. Oktober 1962) aus. Daneben kommt ihr ein hoher systematischer Rang zu, nämlich als Ausdruck eines authentischen christlichen Denkens, das den gegenwärtigen Bedingungen menschlichen Lebens Rechnung trägt und eine schöpferische Interpretation der Botschaft des Evangeliums zu geben vermag. Dies macht den Text von *Gaudet Mater Ecclesia* zu einem jener bedenkenswerten Texte des zwanzigsten Jahrhunderts, zu denen ich auch die «Geschichtsphilosophischen Thesen» Walter Benjamins zähle.[1] Die Rede Papst Johannes' XXIII. hat bisher einige wenige kurze, aber doch auf-

[1] W. Benjamin, Über den Begriff der Geschichte, in: ders., Gesammelte Schriften, Frankfurt 1974, Band I/2, S. 691–704 und I/3, S. 1223–1259; zum historischen Ort der «Geschichtsphilosophischen Thesen» nach dem Hitler-Stalin-Pakt von 1939: Ch. Kambas, Walter Benjamin im Exil. Zum Verhältnis von Literaturpolitik und Ästhetik (Studien und Texte zur Sozialgeschichte der Literatur, 11), Tübingen 1983; zur kreativen Verarbeitung theologischer, philosophischer Traditionen angesichts der Niederlage: die Beiträge von K. Raiser, K. Wengst, J. Ebach und H.-E. Bahr in: Einwürfe, Heft 5: Umgang mit Niederlagen, München 1988.

schlussreiche theologische Interpretationen gefunden.[2] Hier soll als Einleitung in die Übersetzung aus ihrer italienischen Fassung eine kurze Einführung in ihre Entstehungsgeschichte erfolgen, wie sie durch die Forschung der letzten zehn Jahre möglich wurde.

Zwar wurde schon 1962 eine deutschsprachige Übersetzung der Eröffnungsansprache in ihrer lateinischen Fassung, wie sie von Papst Johannes XXIII. in der Konzilsaula vorgetragen wurde, veröffentlicht.[3] Dass der den Journalisten übergebene Text in italienischer Sprache ebenso wie der im *Osservatore Romano* mit der Kennzeichnung *in una nostra traduzione* veröffentlichte Text eine Eigenständigkeit beanspruchen kann, wurde zwar schon damals von einigen Beobachtern mit guten Gründen vermutet[4], kann

[2] M. von Galli, Brief aus Rom, in: Orientierung 26 (1962), S. 221–224 (die Beobachtungen eines problembewussten Zeitgenossen in der Perspektive eines geschichtlichen Glaubensverständnisses); P. Hebblethwaite, Le discours de Jean XXIII à l'ouverture de Vatican II, in: Recherches de science religieuse 71 (1983), S. 203–212 (zu biographischen und theologiegeschichtlichen Details); G. Alberigo, Dal bastone alla misericordia. Il magistero nel cattolicesimo contemporaneo (1830–1980), in: ders., La Chiesa nella storia (Biblioteca di cultura religiosa, 51), Paideia, Brescia 1988, S. 240–273 (zur Neuartigkeit eines «pastoralen Verständnisses des Lehramtes» im Kontext der Kirchengeschichte der neuesten Zeit); ders., Formazione, contenuto e fortuna dell'allocuzione, in: ders., u. a., Fede, tradizione, profezia. Studi su Giovanni XXIII e sul Vaticano II (Testi e ricerche di Scienze religiose, 21), Paideia, Brescia 1984, S. 187–222; ders., Giovanni XXIII e il Vaticano II, in: ders. (Hrsg.), Papa Giovanni, Laterza, Bari 1987, S. 211–243 (zum Verständnis von Konzil); G. Ruggieri, Appunti per una teologia in Papa Roncalli, in: G. Alberigo (Hrsg.), Papa Giovanni, Laterza, Bari 1987, S. 245–271 (zum Geschichtsbegriff); E. Klinger, Der Glaube des Konzils. Ein dogmatischer Fortschritt, in: E. Klinger, K. Wittstadt (Hrsg.), Glaube im Prozess. Christsein nach dem II. Vatikanum. Festschrift für Karl Rahner, Freiburg u. a. 1984, S. 615–626 (zur Neugewinnung eines sich geschichtlich verstehenden Glaubens); D. Menozzi, L'Eglise et l'histoire. Une dimension de la chrétienté de Léon XIII à Vatican II, in: G. Alberigo, u. a.,La chrétienté en débat. Histoire, formes et problèmes actuels, Cerf, Paris 1984, S. 45–75; ital. Original: La chiesa e la storia, in: Cristianesimo nella storia 5 (1984), S. 69–106 (Zur Überwindung des Modells der Christenheit).

[3] Herder Korrespondenz 17 (1962/63), S. 85–88.

[4] So u. a. Mario von Galli in seinem in Anm. 2 erwähnten Brief aus Rom. Noch die «Documentation catholique» vom 18. Februar 1990 notiert die damals von vielen Beobachtern geäusserten Kommentare zu den zwei Textfassungen.

aber heute als erwiesen gelten.[5] Dass Papst Johannes XXIII. eine entscheidende Passage seiner eigenen Rede im Rahmen einer in italienischer Sprache gehaltenen Ansprache in ihrer italienischen Fassung zitiert, ist ein starkes Indiz dafür.[6] Sein damaliger Sekretär, der spätere Erzbischof Loris F. Capovilla überliefert seinerseits aber eine eindeutige Aussage des Papstes, die die Selbsteinschätzung deutlich artikuliert[7]: «Von dieser Ansprache soll auch der erste Entwurf in italienischer Sprache veröffentlicht werden; damit soll deutlich werden, nicht zu meiner Ehre, sondern um der übernommenen Verantwortung willen, dass sie vom ersten bis zum letzten Wort von mir stammt.»

Diese Aussage von Johannes XXIII. wird bestätigt durch die persönlichen Eintragungen im «Geistlichen Tagebuch» aus der unmittelbaren Vorbereitungszeit für die Konzilseröffnung und durch zwei ausführliche Berichte von Mgrs. L. Capovilla über die unmittelbare Arbeit am Text.[8] 1977 schreibt er dazu:

Die Ansprache vom 11. Oktober [1962] entstand Schritt für Schritt. Das beweist eine aufmerksame Lektüre der vielen Äusse-

[5] Dies ist sicher ein Ergebnis der Studien von G. Alberigo und A. Melloni: G. Alberigo, A. Melloni, L'allocuzione «Gaudet Mater Ecclesia» di Giovanni XXIII (11 ottobre 1962), in: G. Alberigo, u. a., Fede, tradizione, profezia. Studi su Giovanni XXIII e sul Vaticano II (Testi e ricerche di Scienze religiose, 21), Paideia, Brescia 1984, S. 185–283. Diese Studien umfassen einen Beitrag von G. Alberigo über Entstehungsgeschichte, Inhalt und Rezeption der Eröffnungsrede und einen Beitrag von A. Melloni, der die einzelnen Vorarbeiten beschreibt und eine Synopse aus den Vorarbeiten, dem lateinischen Text und der italienischen Fassung rekonstruiert.

[6] Gemeint ist hier die Weihnachtsansprache an das Kardinalskollegium und die Prälaten der römischen Kurie vom 23. Dezember 1962 in: DMC V, S. 51–57; das Selbstzitat auf S. 55f.

[7] L. Capovilla, Giovanni XXIII. Quindici letture. Nachdruck der 3., erweiterten Auflage, Storia e Letteratura, Rom 1970, S. 197.

[8] Johannes XXIII., Geistliches Tagebuch, S. 742–761; L. Capovilla, Testimonianze e interventi scritti, in: Giovanni Battista Montini, Arcivescovo di Milano e il Concilio Ecumenico Vaticano II. Preparazione e primo periodo. Colloquio Internazionale di studio, Milano, 23–25 settembre 1983 (Pubblicazioni dell'Istuto Paolo VI, Vol 3), Brescia 1985, S. 338–342.

rungen des Papstes, seiner Briefe an die Familienangehörigen aus den Jahren 1959 bis 1962 (um nicht zu sagen 1958). Während seines Sommerurlaubes 1962 in Castelgandolfo hatte sich der Papst intensiv mit dem Thema des Konzils beschäftigt: «Sucht zuerst das Reich Gottes...», ein Thema, das er teilweise in seiner Ansprache vom 11. September 1962 dargelegt hat. Gemeint ist jene Ansprache, mit der die Vorbereitungsarbeiten für das Konzil abgeschlossen wurden. Sie bildet gleichsam das Vorspiel zur Eröffnungsansprache vom 11. Oktober 1962.

Mitte September verfasste der Papst in einem Zug einen Entwurf, der ungefähr zwei Drittel der [später] vorgetragenen Rede umfasste. Gleich darauf folgte ein zweiter Entwurf. Auf der Grundlage dieser zweiten Redaktion folgte der Text des Manuskripts. In der dritten Phase der Redaktion (lateinische Fassung) ist deutlich die Treue des Übersetzers gegenüber den Hauptthemen erkennbar, die vom Papst angesprochen wurden. Ich nenne sie hier alle; vom Beginn der Arbeit bis zu ihrem Ende sind sie unverändert geblieben:

1. Die Ökumenischen Konzilien: ein Überblick; 2. Ursprung und Anlass des Zweiten Vatikanischen Konzils: die Kirche blickt unverzagt in die Zukunft; 3. Der günstige Augenblick, ein Konzil abzuhalten. Gegen die Unglückspropheten: zum gegenwärtigen Zeitpunkt führt die göttliche Vorsehung schrittweise zu einer neuen Ordnung der menschlichen Beziehungen...; 4. Grundlegende Aufgabe: «Sucht zuerst das Reich Gottes»; 5. Die Art und Weise, die geoffenbarte Wahrheit weiterzugeben: der «springende Punkt»; 6. Wie die Irrtümer zu bekämpfen sind: das Heilmittel der Barmherzigkeit; 7. Die Einheit der Menschheit.

Auf der letzten lateinischen Fassung finden sich noch kleinere Verbesserungen des Papstes. Sie betreffen das Thema vom «Heilmittel der Barmherzigkeit», wie wenn er Fehlinterpretationen befürchtet hätte.

Ich bin sicher, dass weder Kardinal Suenens noch Kardinal Bea, noch irgend jemand anderer (wer auch immer als möglicher Mitarbeiter an der Rede genannt wird) mitbeteiligt waren. Sicher kann es

Anmerkungen von Kardinal Cicognani, von Mgrs. Dell'Acqua, von Pater Ciappi gegeben haben, aber sie haben das Wesentliche der Rede nicht berührt.

Eine zweite Äusserung von L. Capovilla aus dem Jahre 1983 gibt in der Hauptsache die gleichen Einzelheiten wieder. Dort, wo der «springende Punkt» erwähnt wird, gibt es bei der Beschreibung des «Heilmittels der Barmherzigkeit» eine aufschlussreiche Ergänzung: Papst Johannes erwähnt hier ausdrücklich: «(Meinungs-)freiheit und Freiheit der Arbeit, keine Verurteilung, sondern das Heilmittel der Barmherzigkeit». Ausserdem wollte er in einem eigenen Abschnitt der Rede jene Themen aufzählen, die er in der letzten Sitzungsperiode behandelt sehen möchte: Liturgie, Kommunikationsmittel, Missionen und Klerus. Dieser Komplex taucht in keiner der Vorbereitungsphasen mehr und ebensowenig im endgültigen Text auf.

Die Äusserungen Capovillas werden in ihren Grundzügen durch die von G. Alberigo und A. Melloni veröffentlichte Dokumentation zur Eröffnungsansprache bestätigt.[9] Auch die Ausssage Johannes' XXIII., dass sie vom ersten bis zum letzten Wort von ihm stamme, wird durch sie bekräftigt. Diese Dokumentation umfasst 23 Notizblätter, handschriftlich, maschinenschriftlich oder Collagen aus beidem, aus der Hand des Papstes in italienischer Sprache. A. Melloni konnte aus ihnen eine Art «Vorlage» der Rede in italienischer Sprache rekonstruieren. Diese vorbereitenden Notizen haben insgesamt einen Umfang von ⅘ des offiziellen lateinischen Textes. Wenn man jene Passagen beachtet, die sowohl den redaktionellen Notizen wie dem endgültigen offiziellen Text gemeinsam sind, so machen sie ungefähr 60 Prozent des abschliessenden Textes aus. G. Alberigo bemerkt dazu, es sei dabei notwendig zu berücksichtigen, dass der offizielle lateinische Text nicht direkt mit diesen redaktionellen Notizen korrespondiert: «Dennoch gibt es genügend indirekte Abhängigkeiten, die die Abhän-

[9] Vgl. dazu die Hinweise in Anm. 5.

gigkeit des lateinischen Textes von dem Text Roncallis bezeugen. Man kann vermuten, dass es in diesen Fällen eine fortschreitende Neuerarbeitung gegeben hat, deren Text nicht verfügbar ist oder die unmittelbar zwischen dem Papst und seinem Latinisten stattgefunden hat.»

Für den ersten Teil der Eröffnungsansprache (Nr. 1–Nr. 10) liegt bislang eine umfangreichere Dokumentation der Vorarbeiten vor als für den zweiten Teil (Nr. 11–Nr. 23).[10] Dabei sind für den ersten Teil die redaktionellen Notizen in sehr grossem Ausmass in den Endtext eingegangen. Im zweiten Abschnitt der Rede sind die Lücken bei den Vorbereitungsnotizen grösser, wie auch die Passagen zahlreicher sind, die nicht in den endgültigen Text übernommen worden sind. Ausserdem sind die redaktionellen Notizen im Vergleich zu denen des ersten Teiles weniger ausgearbeitet. Für die Nr. 16 und Nr. 17 sowie für die abschliessenden Nr. 21–Nr. 23 fehlt jede Dokumentation einer Vorbereitung. Angesichts dieses Tatbestandes äussert G. Alberigo die Vermutung, dass hier entweder eine Lücke in der Dokumentation vorliegt oder dass der nahende Termin des Konzilsbeginn eine schnellere Niederschrift mit sich gebracht hat.

Zu der bisher erwähnten Dokumentation kommen noch zwei Fragmente aus der Übersetzungsarbeit hinzu: einmal Korrekturen des Papstes zu einem lateinisch geschriebenen Entwurf der Rede, sodann zwei maschinengeschriebene Seiten dieses Entwurfes. Darauf finden sich noch einmal Korrekturen von der Hand des Papstes.[11] Diese zwei Seiten geben eine Textpassage wieder,

[10] Diese Zweigliederung ergibt sich nicht nur aus der Lektüre der Endfassung in ihrem ganzen Umfang. Die redaktionellen Notizen setzen dort thematisch neu ein, wo im endgültigen Text nun Abschnitt 11 beginnt. Die vorbereitende Notiz lautet: «Rede vom 11. Oktober. (2. Teil) Wenn wir auf den Teil des Konzils schauen, der die Lehre betrifft (‹parte dottrinale del Concilio›), so sind wir zwischen Himmel und Erde» (Fragment F 19).

[11] Beide Fragmente sind in der in Anm. 5 genannten Studie veröffentlicht, dort S. 233 (sieben Korrekturen zu einem vollständigen [?] Entwurf, nämlich zu den

die in der Endfassung Nr. 18 und einen grossen Teil von Nr. 19 umfassen. Die Notizen und Korrekturen von Johannes zeigen, dass er auch der lateinischen Fassung bei ihm wichtigen Passagen seinen Stempel aufgedrückt hat. So streicht er an dem ihm vorliegenden Entwurf eine polemische Darstellung des ostwestlichen Schismas und eine übertriebene Behauptung des päpstlichen Primats (*Non est hic locus*).

Schon nach der ersten Veröffentlichung fielen aufmerksamen Lesern einige eklatantere Unterschiede zwischen der italienischen und der lateinischen Fassung auf. Sie betrafen vor allem die Abschnitte 15 und 16, die bei uns Seite 134ff. kommentiert und als zentral herausgestellt sind. Die nun aus Bologna vorliegende Dokumentation erlaubt den Schluss, dass die italienische Endfassung die Absichten von Papst Johannes getreuer wiedergibt, da sie zumal an der genannten Stelle bis in den Wortlaut hinein auf seine eigenen Vorarbeiten zurückgeht. Ein frappantes Beispiel, wie sich die Vorarbeiten – auch entgegen der lateinischen Fassung – in der italienischen Endfassung behaupten, findet sich in Abschnitt 8, Zeile 112, wo von der gerechten Anwendung der Freiheit der Religion, die oft von der Kirche missachtet wurde, gesprochen wird. Der lateinische Text spricht hier nur von der «Freiheit der Kirche». Andererseits lässt sich beobachten, wie die lateinische Fassung auf die italienische Fassung zurückwirkt, wenn in Nr. 18, Zeilen 308 und 309 beide Texte von der Einheit mit den «noch nicht christlichen Religionen» sprechen, wogegen im Entwurf «nichtchristliche Religionen» stand.

Es genügt nicht, die Differenzen zwischen den beiden Fassungen als bloss stilistische Angelegenheit des Übersetzers zu beurteilen. Die an den abweichenden Stellen zutage tretenden Tendenzen zeigen sich als Abschwächungen der Aussage[12] bzw. als Ver-

Seiten 3, 5, 6, 11, 17, 19 und 20) und S. 274 (ein lateinisches Textfragment paginiert mit N 19 und N 20).

12 Aufschlussreiche Beobachtungen zu den Differenzen zwischen der lateinischen

such, dieselbe in geläufige lehrhafte Formeln umzugiessen. Vor allem ist dies in dem die entscheidende Zielsetzung des Konzils formulierenden Abschnitt 15 der Fall, wo im Lateinischen ganze Satzteile eingefügt sind und die akute Problemstellung ihre Spitze verliert. So heisst es in den Zeilen 231–233 in der italienischen Fassung: «Denn eines ist die Substanz der tradierten Lehre, d. h. des *depositum fidei*; etwas anderes ist die Formulierung, in der sie dargelegt wird.» In der lateinischen Fassung dagegen liest man: «Denn etwas anderes ist das *depositum fidei* oder die Wahrheiten, die in der zu bewahrenden Lehre enthalten sind, und etwas anderes ist die Art und Weise, wie sie verkündet werden, freilich im gleichen Sinn und derselben Bedeutung.» Leider hat die Pastoralkonstitution (Nr. 62) des Konzils an der einzigen Stelle, da sie die Eröffnungsrede zitierte, diesen Passus aus der lateinischen Fassung übernommen.[13]

Unter die hier nun vorgelegte deutsche Übersetzung stellen wir die lateinische und die italienische Fassung und machen im Appa-

und italienischen Fassung finden sich in der ausführlichen Besprechung von «Fede, tradizione, profezia» von G. Martina (in: Rivista di storia della chiesa in Italia 39 [1985] S. 525–533).

13 Das ist um so mehr zu bedauern, als hier die lateinische Fassung am wenigsten der Aussageintention von Johannes XXIII. entspricht. G. Ruggieri konnte das deutlich am Gebrauch des Terminus «doctrina» zeigen (vgl. Anm. 2, S. 253 ff.). Damit ist auch ein lebenslanges Bemühen von A. Roncalli bzw. Papst Johannes um ein authentisches Glaubensverständnis nicht mehr für den Leser des lateinischen Textes zugänglich, ein Bemühen, das mit der Tagebucheintragung vom 16. Januar 1903 deutlich erkennbar wird (vgl. F. M. Willam, Vom jungen Angelo Roncalli 1903–1907 zum Papst Johannes XXIII. 1958–1963, Innsbruck 1967). Eine bisher wenig untersuchte Veröffentlichung von Roncalli als Patriarchen von Venedig, der Fastenhirtenbrief von 1956 («Die Heilige Schrift und der hl. Lorenzo Giustiniani») kann nach meinen Vermutungen die Fruchtbarkeit dieses lebenslangen Bemühens zeigen. Erste Hinweise dazu fand ich bei: Germano Pattaro, La «teologia» che ispira il pensiero pastorale del cardinale Roncalli a Venezia, in: V. Branca, u. a. (Hrsg.), Angelo Giuseppe Roncalli. Dal Patriarcato di Venezia alla cattedra di San Pietro, Olschki, Florenz 1984, S. 149–155. Der Fastenhirtenbrief 1956 ist veröffentlicht in: A. und G. Alberigo, Giovanni XXIII. Profezia nella fedeltà, Queriniana, Brescia 1978, S. 221–232.

rat auf die Abweichungen aufmerksam, indem wir jeweils zuerst unsere Übersetzung aus dem Italienischen, anschliessend eine Übersetzung aus dem Lateinischen folgen lassen. Für jede eingehende Interpretation wird es aber notwendig sein, die von A. Melloni erstellte Synopse zu konsultieren. Bei den Zwischentiteln haben wir uns eine etwas freiere sprachliche Gestaltung erlaubt, sie finden sich aber überall dort, wo auch in der italienischen Fassung eine Überschrift zu finden ist.[14]

[14] A. Melloni gibt eine genaue Auflistung der geringen Abweichungen der verschiedenen Veröffentlichungen der lateinischen wie der italienischen Fassung (A. Melloni, vgl. Anm. 5, S. 235 ff. und die textkritischen Varianten innerhalb der Synopse). Unsere Vorlage für den italienischen Text war: Encicliche e Discorsi die Giovanni XXIII, Bari 1965, Band 4, S. 362–373, für den lateinischen Text: Sacrosanctum Oecumenicum Concilium Vaticanum II, Constitutiones, Decreta, Declarationes, Città del Vaticano 1964, S. 854–872.

Ansprache Papst Johannes' XXIII. zur Eröffnung des Zweiten Vatikanischen Konzils (11. Oktober 1962)

[1] Ehrwürdige Brüder! Heute freut sich die Kirche, unsere Mutter, denn durch die besondere Gnade der göttlichen Vorsehung ist der langersehnte Tag angebrochen, an dem das Zweite Ökumenische Vatikanische Konzil feierlich hier am Grab des heiligen Petrus unter dem Schutz der jungfräulichen Gottesmutter, deren Würde wir heute feiern, beginnt.

Die Ökumenischen Konzilien in der Geschichte der Kirche

[2] Die Abfolge der einzelnen Konzilien, wie sie im Verlaufe der Geschichte gefeiert wurden – die zwanzig Ökumenischen Konzilien wie zahllose Provinzial- und Regionalkonzilien von einiger

Summi Pontificis Joannis XXIII allocutio in solemni SS. Concilii inauguratione (11 oct. 1962)

Venerabiles Fratres,

Gaudet Mater Ecclesia quod, singulari Divinae Providentiae munere, optatissimus iam dies illuxit, quo, auspice Deipara Virgine, cuius materna dignitas hodie festo ritu recolitur, hic ad Beati Petri sepulcrum Concilium Oecumenicum Vaticanum Secundum sollemniter initium capit.

Concilia Oecumenica in Ecclesia

Universa Concilia – sive viginti Oecumenica sive innumera eaque non parvi pendenda Provincialia et Regionalia –

Discorso del Santo Padre in occasione della solenne apertura del concilio Ecumenico Vaticano II (11 ottobre 1962)

[1] Venerabili fratelli. Oggi la santa madre chiesa gioisce, perché, per singolare dono della Provvidenza divina, è sorto il giorno tanto desiderato in cui il concilio ecumenico Vaticano II qui solennemente inizia, presso il sepolcro di san Pietro, con la protezione della Vergine santissima, di cui oggi si celebra la dignità della sua maternità divina.

I concili ecumenici nella chiesa

[2] La successione dei vari concili, celebrati nella storia – sia i venti concili ecumenici, sia gli innumerevoli provinciali e regionali, pur essi importanti –

Bedeutung – bezeugt klar die Vitalität der katholischen Kirche. Sie sind markante Momente in ihrer Geschichte. Der gegenwärtige, unbedeutende Nachfolger des heiligen Petrus, der jetzt zu euch spricht, wollte mit seiner Entscheidung, eine solche feierliche Versammlung einzuberufen, die Kontinuität des kirchlichen Lehramtes von neuem bekräftigen; indem dieses nämlich die Fehlentwicklungen, die Herausforderungen und die Chancen des modernen Zeitalters berücksichtigt, zeigt es sich allen Menschen unserer Zeit auf aussergewöhnliche Weise.

[3] Ganz spontan blicken wir zu Beginn dieses Allgemeinen

quae per succedentia tempora sunt celebrata, manifesto vigorem Ecclesiae Catholicae comprobant et quasi fulgentia lumina in eius annalibus recensentur.

Recentissimus humilisque eiusdem Principis Apostolorum Successor, qui vos alloquitur, amplissimum hunc Coetum indicens, id sibi proposuit, ut iterum Magisterium Ecclesiasticum, numquam deficiens et ad finem usque temporum perseverans, affirmaretur; quod quidem Magisterium rationem habens errorum, necessitatum, rerum opportunarum nostrae aetatis, per hoc ipsum Concilium omnibus hominibus, quotquot in orbe terrarum sunt, extraordinario modo, in praesenti exhibetur.

Hanc igitur universalem incohans attestano chiaramente la vitalità della chiesa cattolica, e segnano come i punti luminosi della sua storia. Il gesto del più recente e umile successore di san Pietro, che vi parla, di indire questa solennissima assise, si è proposto di affermare, ancora una volta, la continuità del magistero ecclesiastico, per presentarlo, in forma eccezionale, a tutti gli uomini del nostro tempo, tenendo conto delle deviazioni, delle esigenze e delle opportunità dell'età moderna.

[3] È ben naturale che, iniziando l'u-

---

13 heiligen Petrus / des Apostelfürsten; 15 die Kontinuität des kirchlichen Lehramtes / des kirchlichen Lehramtes, das niemals fehlte und bis ans Ende der Zeiten besteht; 17 Fehlentwicklungen / Irrtümer

Konzils auf die Vergangenheit zurück: Wie Stimmen, deren Echo uns ermutigt, wollen wir die Erinnerung an die verdienstvollen Taten unserer Vorgänger, der Päpste aus ferner und naher Vergangenheit, wieder wachrufen. Es sind beeindruckende und verehrungswürdige Stimmen, die das Zeugnis der Konzilien des Ostens und des Westens, vom vierten Jahrhundert über das Mittelalter bis in die Neuzeit übermitteln. So verkünden sie ständig den Ruhm dieser göttlichen und menschlichen Institution, d. h. der Kirche, die von Jesus ihren Namen, ihre Gnadengaben und ihre Wesensbestimmung erhält. Obwohl wir so Grund zur Freude haben,

Synodum, Christi Vicarius, qui ad vos verba facit, praeterita tempora, ut liquet, respicit eorumque veluti vocem, alacrem animosque confirmantem, auscultat: libenter enim meminit bene meritorum Summorum Pontificum, qui antiquissima et recentiore aetate fuerunt; et qui e Conciliorum conventibus, sive in Oriente sive in Occidente a saeculo quarto ad Medium usque Aevum et recentia tempora actis, venerandae gravisque huiusmodi vocis testimonia transmiserunt. Haec non intermisso studio triumphum divinae et humanae illius Societatis extollunt, scilicet Ecclesiae Christi, quae a Divino Redemptore nomen, gratiae munera, vimque accipit totam.

Quodsi haec spiritualis laetitiae cau-

niversale concilio, noi amiamo guardare al passato, per coglierne come le voci, la cui eco incoraggiante vogliamo riascoltare nel ricordo e nei meriti dei più antichi, così come dei meno lontani pontefici, nostri predecessori: voci solenni e venerande, attraverso l'Oriente e l'Occidente, dal secolo IV al medioevo, e di là all'epoca moderna, che hanno trasmesso da quei concili la loro testimonianza; voci acclamanti in perennità di fervore al trionfo della divina e umana istituzione, la chiesa di Cristo, che da Gesù prende nome, grazia e significazione. Ma accanto ai motivi di

---

18 modernen Zeitalters/unserer Zeit; 20 blicken wir/blickt der Stellvertreter Christi; 23 unserer Vorgänger/*fehlt*; 29 von Jesus/vom göttlichen Erlöser

bleibt es dennoch wahr, dass diese Geschichte der letzten neunzehn Jahrhunderte auch von bitteren Schmerzen und von Prüfungen überschattet ist. Nicht ohne Grund hat der Greis Simeon zu Maria, der Mutter Jesu, die in Vergangenheit und Gegenwart bestätigte Prophetie gesprochen: «Durch dieses Kind werden viele zu Fall kommen und viele aufgerichtet werden, und es wird ein Zeichen sein, dem widersprochen werden wird.» (Lk 2,34) Und Jesus selbst hat in seinem öffentlichen Auftreten mit deutlichen, auf ein abgründiges Geheimnis hindeutenden Worten gesagt, wie die Menschen im Verlaufe der Jahrhunderte sich ihm gegenüber

sa sunt, negare tamen non possumus dolores et acerbitates plurimas per longam undeviginti saeculorum seriem hanc historiam obscuravisse. Verum enim exstitit et exstat, quod olim Simeon senex ad Mariam Matrem Iesu ore prophetico dixit: «Ecce positus est hic in ruinam et in resurrectionem multorum... et in signum cui contradicetur» (Lc. 2,34). Atque Iesus ipse, aetate maturior, perspicue ostendit, quomodo homines per tempora adversus Ipsum se essent gesturi, arcana haec proferens verba: «Qui vos audit, me audit» (Lc. 10,16). Praeterea haec effatus est, ut apud Sanctum Lucam, qui superiora quoque verba refert, scriptum videmus: «Qui non est mecum, contra me

spirituale esaltazione, è pur vero che sopra questa storia si distende per oltre diciannove secoli anche una nube di tristezze e di prove. Non per nulla il vecchio Simeone disse a Maria, madre di Gesù, questa profezia, che è stata e rimane vera: «Questo infante sarà posto a rovina e a risurrezione per molti, e sarà segno di contraddizione» (Lc 2,34). E lui stesso, Gesù, fatto adulto, fissò ben chiaramente il successivo volgersi del mondo nei riguardi della sua persona lungo i secoli, con quelle misteriose parole: «Chi ascolta voi, ascolta me» (Lc 10,16); e con quelle altre, citate dallo stesso evangelista: «Chi non è con

---

32 von Prüfungen/von Bitternissen; 43 Die grosse Herausforderung/Die schweren Sorgen und Fragen

verhalten werden: «Wer nicht für mich ist, der ist gegen mich; wer nicht mit mir sammelt, der zerstreut» (Lk 11,23).

[4] Die grosse Herausforderung, vor die sich die Menschheit gestellt sieht, besteht auch nach fast 2000 Jahren unverändert weiter. In seiner Herrlichkeit macht Christus immer noch die Mitte der Geschichte und des Lebens aus. Entweder schliessen sich die Menschen ihm und seiner Kirche an; dann haben sie Anteil an Einsicht, Güte, Ordnung und Frieden. Oder sie sind ohne ihn, gar gegen ihn und bewusst gegen seine Kirche; dann herrscht Verwirrung, Verwilderung der menschlichen Beziehungen und die dauernde Drohung von Kriegen der Menschen gegeneinander. Jedesmal, wenn ein Ökumenisches Konzil gefeiert wird, findet damit die Einheit zwischen Christus und seiner Kirche in feierlicher Weise Ausdruck. So trugen die Ökumenischen Konzilien zur umfassenden Verbreitung der Wahrheit, zur sachgemässen Lebens-

est, et qui non colligit mecum, dispergit» (Lc. 11,23).

Gravissimae sane res et quaestiones ab humano genere dissolvendae, post viginti fere saecula non mutantur; etenim Christus Iesus semper medium quasi locum tenet historiae et vitae: homines aut Ipsi ipsiusque Ecclesiae adhaerent, atque adeo lucis, suavitatis, recti ordinis pacisque bonis fruuntur; aut sine Ipso vivunt vel contra ipsum agunt et consulto extra Ecclesiam commorantur, quo fit ut confusio inter eos

me, è contro di me; e chi non raccoglie con me, disperde» (Lc 11,23).

[4] Il grande problema, posto davanti al mondo, dopo quasi due millenni resta immutato. Il Cristo sempre splendente al centro della storia e della vita; gli uomini o sono con lui e con la chiesa sua, e allora godono della luce, della bontà, dell'ordine e della pace; oppure sono senza di lui o contro di lui, e deliberatamente contro la sua chiesa, causando confusione, asprezza di umani rapporti, e persistenti pericoli di guerre

---

45 In seiner Herrlichkeit/*fehlt*; 49 bewusst gegen seine Kirche/verweilen bewusst ausserhalb der Kirche [extra ecclesiam]; 52 findet Ausdruck/wird bezeugt

orientierung der einzelnen Menschen, der Familien und der Gesellschaft bei. Sie stärkten die geistigen Kräfte, indem sie sie zu den wahren und ewigen Gütern lenkten. Die Zeugnisse des ausserordentlichen Lehramtes der Kirche im Verlaufe der verschiedenen Epochen in den zwanzig Jahrhunderten der Geschichte des Christentums liegen uns gesammelt vor in vielen und eindrucksvollen Bänden: ein unveräusserliches Erbe, das uns die kirchlichen Archive in Rom und berühmte Bibliotheken der ganzen Welt aufbewahren.

habeatur, mutuae rationes asperae efficiantur, cruentorum bellorum impendeat periculum.

Hanc coniunctionem cum Christo eiusque Ecclesia Concilia Oecumenica, quotiescumque ea celebrari contingit, sollemni quodam modo praedicant et veritatis lucem quoquoversus emittunt, vitam singulorum hominum, domestici convictus, societatis in rectas semitas dirigunt, spirituales vires excitant atque stabiliunt, ad vera et sempiterna bona continenter animos erigunt.

Testimonia extraordinarii huius Magisterii Ecclesiae, scilicet universalium Synodorum, ob oculos Nostros versantur, dum varias hominum aetates per haec viginti saecula christiani aevi intuemur. Quae documenta pluribus magnique ponderis voluminibus continentur ac veluti sacer thesaurus sunt aestimanda, qui in tabulariis Urbis Romae ac totius orbis terrarum celebratissimis bibliothecis est reconditus.

fratricide. I concili ecumenici, ogni qual volta si radunano, sono celebrazione solenne dell'unione di Cristo e della sua chiesa, e perciò portano al l'universale irradiazione della verità, alla retta direzione della vita individuale, domestica e sociale, all'irrobustimento di spirituali energie, in perenne elevazione verso i beni veraci ed eterni. Stanno innanzi a noi, nella successione di varie epoche di questi primi venti secoli della storia cristiana, le testimonianze di questo magistero ecclesiastico straordinario della chiesa raccolte in parecchi e imponenti volumi, patrimonio sacro degli archivi ecclesiastici, qui in Roma, come nelle più celebri biblioteche del mondo intero.

---

59 der Kirche/der Kirche, nämlich der universalen Synoden

Warum dieses Konzil?

[5] Was die Initiative für dieses grosse Vorhaben betrifft, das uns hier zusammenführt, genüge zum geschichtlichen Nachweis das Zeugnis unserer bescheidenen persönlichen Erfahrung: Am Anfang waren es Überlegungen, die uns spontan überkamen und die wir für uns allein erwogen, bis wir sie dann mit dem einen Wort «Ökumenisches Konzil» vor dem ehrwürdigen Kollegium der Kardinäle am denkwürdigen 25. Januar 1959, am Fest Pauli Bekehrung, in der Basilika St. Paul vor den Mauern geäussert haben. Unerwartete Zustimmung, eine vom Geist Gottes inspirierte Einsicht, freudige Anteilnahme in den Augen, in den Herzen: alles in

Origo et causa Concilii Oecumenici Vaticani II

Quod autem ad originem et causam attinet maximi huius eventus, propter quem placuit Nobis vos hic congregare, satis est iterum afferre testimonium humile quidem, sed quod Nos ipsi experientia possumus probare: primo enim paene ex inopinato hoc Concilium mente concepimus, ac deinde simplicibus verbis enuntiavimus coram Sacro Purpuratorum Patrum Collegio fausto die illo vicesimo quinto mensis Ianuarii anno millesimo nongentesimo quinquagesimo nono, in festo Conversionis Sancti Pauli Apostoli, in ipsa eius Patriarchali Basilica ad viam Ostiensem. Statim adstantium animi subito tacti sunt, quasi supernae lucis radio coruscante, et suaviter omnes affecti in vultu

Origine e causa del concilio ecumenico Vaticano II

[5] Per quanto riguarda l'iniziativa del grande avvenimento che qui ci aduna, basti a semplice titolo di documentazione storica riaffermare la nostra umile ma personale testimonianza del primo ed improvviso fiorire nel nostro cuore e dalle nostre labbra della semplice parola di concilio ecumenico. Parola pronunciata innanzi al sacro collegio dei cardinali in quel faustissimo 25 gennaio 1959, festa della conversione di san Paolo, nella basilica sua. Fu un tocco inatteso: uno sprazzo di superna luce: una grande soavità negli occhi e nel cuore. Ma insieme un fervore, un grande fervore destatosi improvviso in tutto il mondo, in attesa della celebrazione

---

73 St. Paul vor den Mauern/St. Paul vor den Mauern an der Via Ostia; 77–83 Drei Jahre... göttlichen Gnade/Inzwischen ist in den drei Jahren ein arbeitsreiches

allem grosse Begeisterung, die auf der ganzen Welt grosses Interesse für die Durchführung des Konzils wach rief. Drei Jahre intensiver Vorbereitung haben einen breiteren und vertieften Prozess des Lernens und des Fragens nach den gegenwärtigen Bedingungen für Glauben, für religiöse Praxis, für die Lebensfähigkeit des Christentums überhaupt und speziell des Katholizismus eingeleitet. So zeigt sich die Vorbereitungszeit als ein erstes Zeichen, eine erste Gabe der göttlichen Gnade.

[6] Wir vertrauen unerschütterlich darauf, dass die Kirche durch dieses Konzil inspiriert an geistlichem Reichtum wachsen

oculisque. Simul vero vehemens studium toto terrarum orbe exarsit, cunctique homines Concilii celebrationem studiose exspectare coeperunt.

Interea tres annos ad apparandum Concilium laboriosum est opus patratum, quod eo pertinebat, ut accuratius et amplius inquireretur, quo honore essent hac nostra aetate Fides, religionis usus, vigor coetus christiani ac praesertim catholici.

Profecto haud immerito Nobis videtur hoc tempus in apparando Concilio Oecumenico insumptum primum quoddam signum ac donum gratiae caelestis fuisse.

Huius ergo Concilii lumine illustrata, Ecclesia spiritualibus divitiis, ut confi-

del concilio. Tre anni di laboriosa preparazione, aperti all'indagine più ampia e profonda delle condizioni moderne di fede e di pratica religiosa, e di vitalità cristiana e cattolica specialmente, ci sono apparsi come un primo segno, un primo dono di grazia celeste.

[6] Illuminata dalla luce di questo concilio, la chiesa, com'è nostra ferma fiducia, si ingrandirà di spirituali ri-

---

Werk zur Vorbereitung des Konzils bewältigt worden. Es führte dazu, dass genau und ausgiebig erforscht wurde, in welchem Ansehen heute der Glaube, das religiöse Leben und die Kraft des christlichen, vor allem des katholischen Volkes stehen. Daher ist uns diese Zeit der Vorbereitung des Ökumenischen Konzils nicht ohne Grund als ein erstes Zeichen und eine Gabe himmlischer Gnade erschienen.

und so mit neuer Kraft gestärkt mutig in die Zukunft blicken wird. Es ist unsere feste Zuversicht: Durch ein angemessenes Aggiornamento und durch eine kluge Organisation der gegenseitigen Zusammenarbeit wird die Kirche erreichen, dass die einzelnen Menschen, die Familien und die Völker mit grösserer Aufmerksamkeit die himmlischen Dinge beachten. Deshalb ist die Feier des Konzils ein aussergewöhnlicher Grund zur Dankbarkeit gegenüber dem Spender aller guten Gaben. Deshalb preisen wir mit Lobgesang die Ehre unseres Herrn Jesus Christus, des siegreichen und unsterblichen Königs der Zeiten und der Völker.

Die Zeit ist gekommen

[7] Ehrwürdige Brüder, es gibt noch ein anderes Argument, das zu beachten hilfreich ist. Um unsere Freude zu vergrössern, wollen wir vor dieser grossen Versammlung die günstigen und ermutigenden Umstände hervorheben, unter denen dieses Ökumenische

dimus, augebitur atque, novarum virium robur ex illo hauriens, intrepide futura prospiciet tempora. Nam, opportunis inductis emendationibus ac mutua auxiliatrice opera sapienter instituta, Ecclesia efficiet, ut homines, familiae, nationes reapse ad ea, quae supra sunt, mentes convertant.

Itaque propter Concilii huius celebrationem Summo Largitori omnium bonorum gratiae maximae ex conscientiae officio sunt reddendae, et gloria Christi Domini cum exsultatione praedicanda, qui est Rex invictus et immortalis saeculorum ac gentium.

cchezze e, attingendovi forza di nuove energie, guarderà intrepida al futuro. Infatti, con opportuni aggiornamenti e con la saggia organizzazione di mutua collaborazione, la chiesa farà sì che gli uomini, le famiglie, i popoli volgano realmente l'animo alle cose celesti. E così la celebrazione del concilio diventa motivo di singolare impegno di grande riconoscenza al supremo datore di ogni bene, per celebrare con cantico esultante la gloria di Cristo. Signore, re glorioso ed immortale dei secoli e dei popoli.

88 gegenseitige Zusammenarbeit/gegenseitige Unterstützung

Konzil beginnt.

[8] In der täglichen Ausübung unseres Hirtenamtes verletzt es uns, wenn wir manchmal Vorhaltungen von Leuten anhören müssen, die zwar voll Eifer, aber nicht gerade mit einem sehr grossen Sinn für Differenzierung und Takt begabt sind. In der jüngsten Vergangenheit bis zur Gegenwart nehmen sie nur Missstände und Fehlentwicklungen zur Kenntnis. Sie sagen, dass unsere Zeit sich im Vergleich zur Vergangenheit nur zum Schlechteren hin entwickle. Sie tun so, als ob sie nichts aus der Geschichte gelernt hätten, die doch eine Lehrmeisterin des Lebens ist, und als ob bei den

Opportunitas celebrandi Concilii

Aliud praeterea est, Venerabiles Fratres, quod hac in re iuvat vobis ad considerandum proponere. Scilicet, in accensionem laetitiae sanctae, quae sollemni hac hora animos afficit nostros, liceat Nobis hoc in amplissimo consessu palam asseverare, initium Oecumenicae huius Synodi opportunis sane temporis adiunctis contingere.

Saepe quidem accidit, quemadmodum in cotidiano obeundo apostolico ministerio comperimus, ut non sine aurium Nostrarum offensione quorundam voces ad Nos perferantur, qui, licet religionis studio incensi, non satis tamen aequa aestimatione prudentique iudicio res perpendunt. Hi enim, in praesentibus humanae societatis condicionibus, nonnisi ruinas calamitatesque cernere valent; dictitant nostra tempora, si cum elapsis saeculis comparentur, prorsus in peius abiisse; atque adeo ita

Opportunità della celebrazione del concilio

[7] C'è inoltre un argomento, venerabili fratelli, che è utile proporre alla vostra considerazione. Cioè a rendere più completo il nostro santo gaudio, vogliamo proporre davanti a questo grande consesso la consolante constatazione delle felici circostanze in cui inizia il concilio ecumenico.

[8] Nell'esercizio quotidiano del nostro ministero pastorale, ci feriscono talora l'orecchio insinuazioni di anime, pur ardenti di zelo, ma non fornite di senso sovrabbondante di discrezione e di misura. Nei tempi moderni esse non vedono che prevaricazione e rovina; vanno dicendo che la nostra età, in confronto con quelle passate, è andata peggiorando; e si comportano come se nulla abbiano imparato dalla storia, che

vorausgegangenen Ökumenischen Konzilien Sinn und Geist des Christentums, gelebter Glaube und eine gerechte Anwendung der Freiheit der Religion sich in allem hätten durchsetzen können. Wir müssen diesen Unglückspropheten widersprechen, die immer nur Unheil voraussagen, als ob der Untergang der Welt unmittelbar bevorstehen würde.

[9] In der gegenwärtigen Situation werden wir von der göttlichen Vorsehung zu einer allmählichen Neuordnung der menschlichen Beziehungen geführt. Sie wirkt mit den Menschen zusammen; aber sie verfolgt über deren Erwartungen hinaus ihren

se habent, quasi ex historia, quae vitae magistra est, nihil habeant quod discant, ac veluti si, superiorum Conciliorum tempore, quoad christianam doctrinam, quoad mores, quoad iustam Ecclesiae libertatem, omnia prospere ac recte processerint.

At Nobis plane dissentiendum esse videtur ab his rerum adversarum vaticinatoribus, qui deteriora semper praenuntiant, quasi rerum exitium instet. In praesenti humanorum eventuum cursu, quo hominum societas novum rerum ordinem ingredi videtur, potius arcana Divinae Providentiae consilia agnoscenda sunt, quae per tempora succedentia, hominum opera, ac plerumque praeter eorum exspectationem, suum exitum consequuntur, atque omnia, adversos etiam humanos casus,

pure è maestra di vita, e come se al tempo dei concili ecumenici precedenti tutto procedesse in pienezza di trionfo dell'idea e della vita cristiana, e della giusta libertà religiosa. Ma a noi sembra di dover dissentire da cotesti profeti di sventura, che annunziano eventi sempre infausti, quasi sovrasti la fine del mondo.

[9] Nel presente ordine di cose, la buona Provvidenza ci sta conducendo ad un nuovo ordine di rapporti umani, che, per opera degli uomini e per lo più oltre la loro stessa aspettativa, si volgono verso il compimento dei suoi disegni

---

113 Freiheit der Religion/Freiheit der Kirche

eigenen Plan. Alles, sogar was die Menschen dagegen tun, wendet sie zu dem, was für die Kirche das bessere ist. Dieser Zusammenhang lässt sich mühelos erkennen, wenn man die gegenwärtige Welt betrachtet. Sie ist bestimmt durch politische und ökonomische Auseinandersetzungen, die für die Sorge um den Glauben – wie sie dem kirchlichen Lehramt aufgetragen ist – wenig Zeit lässt. Das ist alles andere als gut und kann nicht einfach gebilligt werden. Aber man kann trotzdem nicht bestreiten, dass unter den neu gegebenen Bedingungen des modernen Lebens es ein Vorteil ist, dass jene vielen Hindernisse ausgeräumt sind, mit denen einst Staaten das freie Handeln der Kirche eingeschränkt haben. Es genügt in der Tat ein flüchtiger Blick auf die Kirchengeschichte, um deutlich zu erkennen, dass die Ökumenischen Konzilien, die doch eine Folge von Ruhmestaten für die katholische Kirche waren, wegen unzulässiger Einmischung staatlicher Autoritäten unter schwierig-

in Ecclesiae bonum sapienter disponunt.

Hoc facile cernere est, si attento animo perpendantur gravissimae de re politica et oeconomica quaestiones atque discrimina, quae hodie sunt. Quae omnia tam sollicitos homines tenent, ut eorum curas cogitationesque a religiosis negotiis avertant, quae ad sacrum pertinent Ecclesiae Magisterium. Huiusmodi agendi ratio certe vitio non caret, ac merito est improbanda. Nemo tamen negare potest, has novas inductas rerum condiciones, id saltem commodi habere, ut e medio innumera illa impedimenta iam auferantur, quibus olim saeculi filii liberam Ecclesiae ac-

superiori e inattesi; e tutto, anche le umane diversità, dispone per il maggior bene della chiesa. È facile scorgere questa realtà, se con attenzione si consideri il mondo odierno, occupato dalla politica e dalle controversie di ordine economico, da non trovar più tempo di badare a sollecitudini di ordine spirituale, di cui si occupa il magistero della santa chiesa. Questo modo di agire non va certamente bene, e giustamente deve essere disapprovato: non si può tuttavia negare che queste nuove condizioni della vita moderna hanno almeno questo vantaggio, di aver tolto di mezzo quegli innumerevoli ostacoli, con cui

sten und traurigen Umständen abgehalten werden mussten. Auch wenn die Herrscher manchmal dabei die aufrichtige Absicht hatten, dem Schutz der Kirche zu dienen, so geschah dies meistens doch nicht ohne Schaden und Gefahr für den Glauben, sooft sie eine eigennützige und gefährliche Politik verfolgten.

[10] Bei dieser Gelegenheit möchte ich euch nicht unseren tiefen Schmerz ob der Abwesenheit vieler uns nahestehender Bischöfe verhehlen. Sie sind wegen ihrer Treue zu Christus im Gefängnis, oder sie sind durch andere Umstände verhindert. Der Gedanke an sie veranlasst uns zu inständigem Gebet. Trotz allem:

tionem praepedire consueverant. Etenim satis est cursim ecclesiasticos annales pervolvere, ut statim manifesto pateat, vel ipsa Oecumenica Concilia, quorum vicissitudines aureis litteris Ecclesiae fastis consignatae sunt, saepe non sine gravissimis difficultatibus ac doloris causis, ob indebitam civilis potestatis interpositam auctoritatem, celebrata fuisse. Huius enim mundi Principes interdum sibi quidem proponebant sincero animo Ecclesiae patrocinium suscipere; quod tamen plerumque non sine spirituali detrimento ac periculo fiebat, cum iidem saepius rationibus politicis ducerentur suisque utilitatibus nimium studerent.

Fatemur quidem hodie Nos vehementi dolore affici, quod inter vos complures Ecclesiae Pastores desiderantur, Nobis sane carissimi, qui ob Christi Fidem in vinculis detinentur vel aliis im-

un tempo i figli del secolo impedivano la liberazione della chiesa. Infatti, basta scorrere anche fuggevolmente la storia ecclesiastica, per rilevarne chiaramente come gli stessi concili ecumenici, le cui vicende furono una successione di vere glorie per la chiesa cattolica, siano stati sovente celebrati con alternative di gravissime difficoltà e tristezze, per l'indebita ingerenza delle autorità civili. I prìncipi di questo mondo, infatti, si proponevano bensì talora di proteggere con tutta sincerità la chiesa: ma più spesso ciò avveniva non senza danno e pericolo spirituale, poiché essi se ne occupavano secondo gli accorgimenti di una loro politica interessata e pericolosa.

[10] A questo proposito, vi confessiamo di provare un vivissimo dolore per il fatto che moltissimi vescovi, a noi tanto cari, fanno oggi sentire qui la loro mancanza, perché imprigionati per la

heute sind wir getröstet und voll Hoffnung, wenn wir die Kirche sehen, wie sie im jetzigen Augenblick, von den vielen weltlichen Hindernissen der Vergangenheit befreit, hier von der Vatikanischen Basilika aus wie bei einem neuen Pfingsten durch euch ihre Stimme mit Würde und Grösse erhebt.

Was haben wir zu tun?

[11] Die Hauptaufgabe des Konzils besteht darin, das unveräusserliche Überlieferungsgut der christlichen Lehre wirksamer zu bewahren und zu lehren. Diese Lehre betrifft den ganzen Menschen mit Leib und Seele. Der Mensch ist ein Pilger auf dieser Erde, und sie heisst ihn, nach dem Himmel zu streben. Und zwar zeigt sie, wie unser irdisches Leben zu führen ist, damit wir unsere

pedimentis praepediuntur, et quorum recordatio Nos permovet ut pro ipsis flagrantissimas Deo preces admoveamus; attamen non sine spe ac magno solacio Nostro hodie factum esse cernimus, ut Ecclesia, tot profanis praeteritae aetatis impedimentis tandem expedita, ex hoc Vaticano Templo, veluti altero Apostolorum Cenaculo, per vos vocem suam, maiestatis gravitatisque plenam, attollere possit.

Praecipuum Concilii munus:
doctrina tuenda ac promovenda

Quod Concilii Oecumenici maxime interest, hoc est, ut sacrum christianae doctrinae depositum efficaciore ratione custodiatur atque proponatur.

Haec doctrina integrum complectitur hominem, corpore et animo compositum, eademque iubet nos, qui huius

loro fedeltà a Cristo, o trattenuti da altri impedimenti; il loro ricordo ci spinge a elevare fervidissime preghiere a Dio. Tuttavia non senza grande speranza e con nostro grande conforto vediamo oggi che la chiesa, finalmente libera da tanti ostacoli di natura profana, come avveniva nel passato, possa da questa basilica vaticana, quasi da un secondo cenacolo apostolico, far sentire per mezzo vostro la sua voce, piena di maestà e di grandezza.

Compito precipuo del concilio:
difesa e avvaloramento della verità

[11] Ciò che massimamente riguarda il concilio ecumenico è questo: che il sacro deposito della dottrina cristiana sia custodito e insegnato in forma più efficace. Tale dottrina abbraccia l'uomo intero, composto di anima e di corpo, e, poiché egli è pellegrino su questa terra,

Pflichten als Bürger der Erde wie des Himmels erfüllen und so das von Gott gewiesene Ziel erreichen können. Das heisst: Alle Menschen, einzeln oder in Gemeinschaft, haben die Pflicht, solange dieses Leben währt, ohne Unterlass nach den himmlischen Gütern zu streben und die irdischen Güter so zu gebrauchen, dass dabei nicht ein Hindernis für die ewige Seligkeit entsteht. Christus der Herr hat gesagt: «Euch muss es zuerst um das Reich Gottes und um seine Gerechtigkeit gehen.» (Mt 6,33) Dieses Wort «zuerst» macht uns aufmerksam, worauf wir unsere Überlegungen und Anstrengungen richten sollen. Man soll aber nicht die zweite Hälfte des gleichen Herrengebotes ausser acht lassen: «Dann wird euch alles andere dazugegeben.» In der Tat gab es immer wieder und gibt es noch weiterhin in der Kirche Menschen, die mit allen Kräf-

terrae incolae sumus, ad caelestem patriam peregrinos contendere.

Id autem ostendit, qua ratione mortalis haec vita componenda sit, ut nos officiis satisfacientes, quibus erga terrestrem et caelestem Civitatem obstringimur, finem nobis a Deo praestitutum assequi valeamus. Scilicet, omnes prorsus homines, sive singuli sive inter se societate coniuncti, sine intermissione officio tenentur caelestia bona consectandi, donec haec vita suppetit, atque ad hoc assequendum, terrenas res adhibendi, ita tamen ut temporalium bonorum usus sempiternam eorum beatitatem in discrimen non adducat.

Verum profecto est, Christum Dominum hanc pronuntiasse sententiam: «Quaerite primum regnum Dei et iustitiam eius» (Mt. 6,33). Quae vox

gli comanda di tendere al cielo. Ciò dimostra come sia da ordinare la nostra vita mortale, in modo da adempiere i nostri doveri di cittadini della terra e del cielo, e da conseguire così il fine stabilito da Dio. Il che vuol dire che tutti gli uomini, sia singolarmente presi, sia socialmente riuniti, hanno il dovere di tendere senza tregua, per tutta la vita, al conseguimento dei beni celesti; e di usare a questo solo scopo i beni terreni, senza che il loro uso non sia di pregiudizio all'eterna felicità. Il Signore ha detto: «Cercate prima il regno di Dio e la sua giustizia» (Mt 6,33). Questa parola, *prima*, esprime in qual direzione

ten die vom Evangelium geforderte Vollkommenheit zu realisieren suchen und dabei den Einsatz für die Gesellschaft nicht vernachlässigen. Von ihrem dauerhaft geübten, beispielhaften Leben und von ihrem Einsatz für die Nächstenliebe wird das, was es an Gutem und Edlem in der menschlichen Gesellschaft gibt, nachhaltig gefördert und gestärkt.

[12] Damit aber diese Lehre die vielen und verschiedenen Bereiche menschlicher Aktivitäten erreicht, den Einzelnen, die Familien wie die Gesamtgesellschaft, ist es vor allem notwendig, dass die Kirche sich nicht von der unveräusserlichen Glaubensüberlie-

«primum» declarat, quo potissimum vires et cogitationes nostras dirigi oporteat; nihilominus minime neglegenda sunt cetera huius Dominici praecepti verba, quae subsequuntur: «et haec omnia adicientur vobis» (Mt. 6,34). Ac revera semper fuerunt ac sunt in Ecclesia qui, dum evangelicae perfectioni adipiscendae omni studio vacant, simul ad civilem cultum adiutricem operam conferunt, cum ex eorum vitae exemplis, ex eorumque salutaribus caritatis inceptis, ea, quae in humana societate praestantiora ac nobiliora sunt, haud parum accipiant roboris atque incrementi.

Ut autem haec doctrina multiplices attingat humanae navitatis campos, qui ad singulos homines, ad domesticum convictum, ad socialem vitam pertinent, in primis necesse est, ne Ecclesia oculos a sacro veritatis, patrimonio

debbano muoversi i nostri pensieri e le nostre forze; non bisogna però trascurare le altre parole di questa esortazione del Signore, cioè: «e tutte queste cose avrete in sovrappiù» (ivi). In realtà, nella chiesa ci furono sempre, e ci sono tuttora, coloro che, cercando con tutte le forze la pratica della perfezione evangelica, non trascurano di rendersi utili alla società: di fatto, dal loro esempio di vita, costantemente praticato, e dalle loro intraprese di carità prende vigore e incremento ciò che di più alto e più nobile c'è nell'umana società.

[12] Ma perché questa dottrina raggiunga i molteplici campi dell'attività umana, che si riferiscono ai singoli, alle famiglie e alla vita sociale, è necessario anzitutto che la chiesa non si discosti

ferung abwendet, die sie aus der Vergangenheit empfangen hat. Gleichzeitig muss sie auf die Gegenwart achten, auf die neuen Lebensverhältnisse und -formen, wie sie durch die moderne Welt geschaffen wurden. Diese haben neue Wege für das Apostolat der Katholiken eröffnet.

[13] Deshalb blieb die Kirche nicht untätig angesichts des erstaunlichen Fortschritts dank der Entdeckungen menschlicher Erfindungsgabe, und sie hielt mit einer gerechten Beurteilung desselben nicht zurück. Während sie aber diese Entwicklungen verfolgte, hat sie die Menschen unablässig ermahnt, ihren Blick über die irdischen Dinge hinaus auf Gott, den Ursprung jeder Weisheit und Schönheit, zu richten. Sie hat das entscheidende Gebot «Vor dem Herrn, deinem Gott, sollst du dich niederwerfen und ihm allein dienen» (Mt 4,10; Lk 4,8) nicht vergessen lassen, damit nicht die vergängliche Faszination durch irdische Dinge den

a maioribus accepto umquam avertat; at simul necesse habet, ut praesentia quoque aspiciat tempora, quae novas induxerunt rerum condiciones, novasque vivendi formas, atque nova catholico apostolatui patefecerunt itinera.

Hac de causa Ecclesia mirandis illis humani ingenii inventis doctrinarumque incrementis, quibus hodie utimur, non iners affuit, neque iisdem recte aestimandis impar evasit; sed haec omnia pervigili prosequens cura, homines admonere non desinit, ut super ipsam

dal sacro patrimonio della verità, ricevuto dai padri; ma al tempo stesso essa deve anche guardare al presente, alle nuove condizioni e forme di vita introdotte nel mondo moderno, le quali hanno aperto nuove strade all'apostolato cattolico.

[13] Per questa ragione la chiesa non ha assistito inerte al mirabile progresso delle scoperte dell'umano ingegno, e non è rimasta indietro nella loro giusta estimazione; ma, pur seguendo questi sviluppi, non tralascia di ammonire gli uomini affinché, pur al di sopra delle

---

190 die Menschen unablässig/die Menschen, denen gesagt wurde: «Macht euch die Erde untertan und herrscht über sie» (Gen 1,28), unablässig; 198 bisher Gesagten/

wirklichen Fortschritt verhindere.

Der springende Punkt

[14] Aus dem bisher Gesagten wird deutlich, was vom Konzil für die Verkündigung der Lehre erwartet werden soll: Das 21. Ökumenische Konzil, das sich einen effizienten und bedeutsamen Reichtum an Erfahrungen im Bereich des Rechts, der Liturgie, der Pastoral und der Administration zu Nutze machen kann, will die Glaubenslehre rein und unvermindert, ohne Abschwächung und Entstellung weitergeben, wie sie im Verlaufe von zwanzig Jahrhunderten nicht ohne Schwierigkeiten und Kontroversen zum

rerum aspectabilium speciem, oculos ad Deum omnis sapientiae et pulchritudinis fontem convertant, ne iidem, quibus dictum fuit: «Subicite terram et dominamini», obliviscantur umquam gravissimi illius praecepti: «Dominum Deum tuum adorabis et illi soli servies (Mt. 4,10; Lc. 4,8), neu fluxa rerum fascinatio veri nominis progressionem impediat.

Qua ratione hodie doctrina promovenda sit

Hisce positis, satis manifestae sunt, Venerabiles Fratres, partes quae, ad doctrinam quod attinet, Concilio Oecumenico sunt demandatae.

Scilicet Concilium Oecumenicum primum et vicesimum – quod efficaci

cose sensibili, volgano gli occhi a Dio, fonte di ogni sapienza e di ogni bellezza; e non dimentichino il gravissimo comando: «Adorerai il Signore Dio tuo, e servirai a lui solo» (Mt 4,10; Lc 4,8), perché non succeda che il fascino fuggente delle cose visibili impedisca il vero progresso.

Modalità della diffusione della sacra dottrina

[14] Ciò stabilito, diventa chiaro quanto si attende dal concilio riguardo alla dottrina. Cioè il XXI concilio ecumeni-

---

bisher Gesagten, Ehrwürdige Brüder; 198 wird deutlich/wird hinreichend deutlich; 198 was vom Konzil für die Verkündigung der Lehre erwartet werden soll/die Bereiche, die betreffs der Lehre dem Ökumenischen Konzil aufgetragen sind

gemeinsamen Erbe der Menschen wurde; ein Erbe, das nicht von allen wohlwollend angenommen wurde, aber ein Reichtum, der immer allen Menschen guten Willens erreichbar war. Unsere Aufgabe ist es nicht nur, diesen kostbaren Schatz zu bewahren, als ob wir uns nur um Altertümer kümmern würden. Sondern wir wollen uns mit Eifer und ohne Furcht der Aufgabe widmen, die unsere Zeit fordert. So setzen wir den Weg fort, den die Kirche im Verlaufe von zwanzig Jahrhunderten gegangen ist.

[15] Der springende Punkt für dieses Konzil ist es also nicht, den einen oder den andern der grundlegenden Glaubensartikel zu

magnique aestimando auxilio utitur eorum, qui scientia sacrarum disciplinarum, apostolatus exercendi resque recto ordine agendi excellunt – integram, non imminutam, non detortam tradere vult doctrinam catholicam, quae, licet inter difficultates et contentiones, veluti patrimonium commune hominum evasit. Hoc non omnibus quidem gratum est, tamen cunctis, qui bona voluntate sunt praediti, quasi paratus thesaurus uberrimus proponitur.

Attamen nostrum non est pretiosum hunc thesaurum solum custodire, quasi uni antiquitati studeamus; sed alacres, sine timore, operi, quod nostra exigit

co – che si avvarrà dell'efficace e importante somma di esperienze giuridiche, liturgiche, apostoliche e amministrative – vuole trasmettere pura e integra la dottrina, senza attenuazioni o travisamenti, che lungo venti secoli, nonostante difficoltà e contrasti, è divenuta patrimonio comune degli uomini. Patrimonio non da tutti bene accolto, ma pur sempre ricchezza aperta agli uomini di buona volontà. Il nostro dovere non è soltanto di custodire questo tesoro prezioso, come se ci preoccupassimo unicamente dell'antichità, ma di dedi-

200 bedeutsamen Reichtum/hochzuschätzenden Reichtum; 204 Verlaufe von zwanzig Jahrhunderten/*fehlt*; 206 zum gemeinsamen Erbe/wie zum gemeinsamen Erbe; 207 aber ein Reichtum/aber wie ein Reichtum; 208–209 ist es nicht/ist es aber nicht; 211 der Aufgabe widmen/jene Aufgabe verfolgen

diskutieren, wobei die Lehrmeinungen der Kirchenväter, der klassischen und zeitgenössischen Theologen ausführlich dargelegt würden. Es wird vorausgesetzt, dass all dies hier wohl bekannt und vertraut ist. Dafür braucht es kein Konzil. Aber von einer wiedergewonnenen, nüchternen und gelassenen Zustimmung zur umfassenden Lehrtradition der Kirche, wie sie in der Gesamttendenz und in ihren Akzentsetzungen in den Akten des Trienter Konzils

aetas, nunc insistamus, iter pergentes, quod Ecclesia a viginti fere saeculis fecit.

Neque opus nostrum, quasi ad finem primarium, eo spectat, ut de quibusdam capitibus praecipuis doctrinae ecclesiasticae disceptetur, atque adeo fusius repetantur ea, quae Patres ac theologi veteres et recentiores tradiderunt, et quae a vobis non ignorari sed in mentibus vestris inhaerere merito putamus.

Etenim ad huiusmodi tantum disputationes habendas non opus erat, ut Concilium Oecumenicum indiceretur. Verumtamen in praesenti oportet ut universa doctrina christiana, nulla par-

carci con alacre volontà e senza timore a quell'opera, che la nostra età esige, proseguendo così il cammino, che la chiesa compie da venti secoli.

[15] Il *punctum saliens* di questo concilio non è dunque una discussione di un articolo o dell'altro della dottrina fondamentale della chiesa, in ripetizione diffusa dell'insegnamento dei padri e dei teologi antichi e moderni, quale si suppone sempre ben presente e familiare allo spirito. Per questo non occorreva un concilio. Ma dalla rinnovata, serena e tranquilla adesione a tutto

214 Der springende Punkt für dieses Konzil ist es also nicht / Es ist auch nicht unsere Sache, gleichsam in erster Linie; 219 Dafür braucht es kein Konzil / Denn nur für Disputationen dieser Art war es nicht nötig, ein Konzil einzuberufen; 219 – 227 Aber von einer wiedergewonnenen... zugute kommt / Heute ist es wahrhaftig nötig, dass die gesamte christliche Lehre ohne Abstriche in der heutigen Zeit von allen durch ein neues Bemühen angenommen werde. Heiter und ruhigen Gewissens müssen die überlieferten Aussagen, die aus den Akten des Trienter Konzils und vor allem des Ersten Vatikanums hervorgehen, daraufhin genau geprüft und interpretiert werden. Es muss, was alle ernsthaften Bekenner des christlichen, katholischen und apostolischen Glaubens leidenschaftlich erwarten, diese Lehre in ihrer ganzen Fülle und Tiefe erkannt werden, um die Herzen vollkommener zu entflammen und zu durchdringen.

und auch des Ersten Vatikanischen Konzils erkennbar ist, erwarten jene, die sich auf der ganzen Welt zum christlichen, katholischen und apostolischen Glauben bekennen, einen Sprung nach vorwärts, der einem vertieften Glaubensverständnis und der Gewissensbildung zugute kommt. Dies soll zu je grösserer Übereinstimmung mit dem authentischen Glaubensgut führen, indem es mit wissenschaftlichen Methoden erforscht und mit den sprachlichen Ausdrucksformen des modernen Denkens dargelegt wird. Denn eines ist die Substanz der tradierten Lehre, d. h. des *depositum fidei*; etwas anderes ist die Formulierung, in der sie dargelegt wird. Darauf ist – allenfalls braucht es Geduld – grosses Gewicht zu legen, indem alles im Rahmen und mit den Mitteln eines Lehramtes von vorrangig pastoralem Charakter geprüft wird.

te inde detracta, hic temporibus nostris ab omnibus accipiatur novo studio, mentibus serenis atque pacatis, tradita accurata illa ratione verba concipiendi et in formam redigendi, quae ex actis Concilii Tridentini et Vaticani Primi praesertim elucet; oportet ut, quemadmodum cuncti sinceri rei christianae, catholicae, apostolicae fautores vehementer exoptant, eadem doctrina amplius et altius cognoscatur eaque plenius animi imbuantur atque formentur; oportet ut haec doctrina certa et immutabilis, cui fidele obsequium est praestandum, ea ratione pervestigetur et exponatur, quam tempora postulant

l'insegnamento della chiesa nella sua interezza e precisione, quale ancora splende negli atti conciliari da Trento al Vaticano I, lo spirito cristiano, cattolico ed apostolico del mondo intero, attende un balzo innanzi verso una penetrazione dottrinale e una formazione delle coscienze, in corrispondenza più perfetta alla fedeltà all'autentica dottrina, anche questa però studiata ed esposta attraverso le forme dell'indagine e della formulazione letteraria del pensiero

227–230 Dies soll zu . . . dargelegt wird / Ja, diese sichere und beständige Lehre, der gläubig zu gehorchen ist, muss so erforscht und ausgelegt werden, wie unsere Zeit es verlangt.

Das Heilmittel der Barmherzigkeit

[16] Am Beginn des Zweiten Vatikanischen Konzils ist es klarer denn je, «dass die Wahrheit des Herrn in Ewigkeit bleibt». Wir sehen ja, wie im Wechsel der Epochen einander entgegengesetzte Meinungen der Menschen aufeinander folgen und wie Irrtümer, kaum entstanden, wie der Morgennebel vor der Sonne vergehen. Die Kirche war immer im Widerspruch zu solchen Irrtümern; manchmal hat sie diese auch mit grösster Strenge verurteilt. Heut-

nostra. Est enim aliud ipsum depositum Fidei, seu veritates, quae veneranda doctrina nostra continentur, aliud modus, quo eaedem enuntiantur, eodem tamen sensu eademque sententia. Huic quippe modo plurimum tribuendum erit et patienter, si opus fuerit, in eo elaborandum; scilicet eae inducendae erunt rationes res exponendi, quae cum magisterio, cuius indoles praesertim pastoralis est, magis congruant.

Qua ratione errores compescendi sint

Ineunte Concilio Oecumenico Vaticano Secundo, manifesto ut alias numquam patet, veritatem Domini in aeternum manere. Siquidem, dum aetas aetati succedit, incertas cernimus

moderno. Altra è la sostanza dell'antica dottrina del *depositum fidei*, ed altra è la formulazione del suo rivestimento: ed è di questo che devesi – con pazienza se occorre – tener gran conto, tutto misurando nelle forme e proporzioni di un magistero a carattere prevalentemente pastorale.

Come reprimere gli errori

[16] All'iniziarsi del concilio ecumenico Vaticano II è evidente come non mai che la verità del Signore resta in eterno. Vediamo infatti, nel succedersi d'una all'altra età, che le opinioni degli uomini si susseguono escludendosi a vicenda

231–233 Denn eines ist... dargelegt wird/Denn etwas anderes ist das depositum fidei oder die Wahrheiten, die in der zu bewahrenden Lehre enthalten sind, und etwas anderes ist die Art und Weise, wie sie verkündet werden, freilich im gleichen Sinn und derselben Bedeutung. 233–235 Darauf ist... geprüft wird/Hierauf ist viel Aufmerksamkeit zu verwenden; und, wenn es not tut, muss geduldig daran gearbeitet werden, d. h. alle Gründe müssen erwogen werden, um die Fragen zu klären, wie es einem Lehramt entspricht, dessen Wesen vorwiegend pastoral ist.
239 einander entgegengesetzte Meinungen/einander entgegengesetzte ungewisse

zutage zieht es die Braut Christi vor, eher das Heilmittel der Barmherzigkeit zu gebrauchen als das der Strenge. Sie ist davon überzeugt, dass es dem jetzt Geforderten besser entspricht, wenn sie die Triftigkeit ihrer Lehre nachweist als wenn sie eine Verurteilung ausspricht. Dies bedeutet nicht, dass es heute nicht an irreführenden Lehren, Meinungen und gefährlichen Schlagworten fehlen würde, vor denen man sich hüten und die man ablehnen muss. Aber sie stehen so deutlich im Gegensatz zur geforderten Norm rechten Verhaltens, und sie haben so verhängnisvolle Folgen gezeitigt, dass es den Menschen heute von selber klar wird, dass sie zu verurteilen sind. Das betrifft vor allem jene Lebensweisen, die zur Verachtung Gottes und seiner Gebote führen, das übertrie-

hominum opinationes alias alias excipere, atque enascentes errores saepe cito velut nebulam sole depulsam evanescere.

Quibus erroribus Ecclesia nullo non tempore obstitit, eos saepe etiam damnavit, et quidem severitate firmissima. Ad praesens tempus quod attinet, Christi Sponsae placet misericordiae medicinam adhibere, potius quam severitatis arma suscipere; magis quam damnando, suae doctrinae vim uberius explicando putat hodiernis necessitatibus esse consulendum. Non quod desint fallaces doctrinae, opinationes, pericula praecavenda atque dissipanda; sed

e gli errori spesso appena sorti svaniscono qual nebbia dinanzi al sole. Sempre la chiesa si è opposta a questi errori; spesso li ha anche condannati con la massima severità. Al giorno d'oggi, tuttavia, la sposa di Cristo preferisce far uso della medicina della misericordia piuttosto che della severità: essa ritiene di venire incontro ai bisogni di oggi mostrando la validità della sua dottrina piuttosto che con la condanna. Non già che manchino dottrine fallaci, opinioni, concetti pericolosi da cui premunirsi e da dissipare; ma essi sono così eviden-

---

Meinungen; 245 als das der Strenge/als die Waffe der Strenge; 247 Triftigkeit ihrer Lehre nachweist/die Kraft ihrer Lehre ausgiebig zu erklären; 248 irreführenden Lehren, Meinungen und gefährlichen Schlagworten/irreführenden Lehren, Meinungen und zu meidenden Gefahren

bene Vertrauen in die Fortschritte der Technik, ein Wohlergehen, das sich ausschliesslich nach dem Lebensstandard bemisst. Zunehmend sind die Menschen vom überragenden Wert der Würde der menschlichen Person überzeugt und dass sie mehr Beachtung und Engagement verdient. Was aber am meisten zählt: die Erfahrung hat die Menschen gelehrt, dass die Gewalt, die sie einander zufügen, dass Rüstungspotentiale und politische Hegemonie ungeeignet sind für eine erfolgreiche Lösung der schwierigen Probleme, unter denen sie leiden.

[17] So erhebt die katholische Kirche mit diesem Ökume-

quia haec omnia tam aperte pugnant cum rectis honestatis principiis, ac tam exitiales peperere fructus, ut hodie homines per se ipsi ea damnare incipere videantur, ac nominatim illas vivendi formas, quae Deum eiusque leges posthabeant, nimiam in technicae artis progressibus positam confidentiam, prosperitatem unice vitae commodis innixam. Ipsi magis magisque norunt, humanae personae dignitatem eiusque congruam perfectionem negotium esse magni momenti et ad expediendum perarduum. Quod autem maxime interest, iidem experiendo tandem didicerunt, externam vim aliis impositam, armorum potentiam, politicum dominatum minime satis esse, ad gravissimas, quae eos angunt, quaestiones feliciter dissolvendas.

Hisce in rerum adiunctis, Catholica Ecclesia, dum per Oecumenicum hoc

temente in contrasto con la retta norma dell'onestà, ed hanno dato frutti così esiziali, che ormai gli uomini da se stessi oggi sembra che siano propensi a condannarli, ed in specie quei costumi di vita, che disprezzano Dio e la sua legge, l'eccessiva fiducia nei progressi della tecnica, il benessere fondato esclusivamente sui comodi della vita. Sempre più essi si convincono del massimo valore della dignità della persona umana e del suo perfezionamento e dell'impegno che ciò esige. Ciò che più conta, l'esperienza ha loro appreso che la violenza inflitta altrui, la potenza delle armi, il predominio politico non giovano affatto per una felice soluzione dei gravi problemi che li travagliano.

[17] Così stando le cose, la chiesa cattolica, innalzando, per mezzo di

nischen Konzil die Fackel des Glaubens. So will sie sich als eine für alle liebevolle, gütige und geduldige Mutter erweisen, voll Barmherzigkeit und Wohlwollen gerade jenen Kindern gegenüber, die sich von ihr entfernt haben. Petrus hat angesichts der notleidenden Menschen zum Bettler, der ihn um Almosen bat, gesagt: «Silber und Gold besitze ich nicht. Doch was ich habe, das gebe ich dir: Im Namen Jesu Christi, des Nazoräers, geh umher!» (Apg 3,6) Die Kirche bietet den Menschen heute weder vergänglichen Reichtum noch irdisches Glück. Sie gibt ihnen mit der Würde der Gotteskindschaft Anteil an vielen Gnadengaben und damit einen wirksamen Schutz und eine Hilfe für ein menschlicheres Leben. Sie öffnet [ihnen] den Zugang zur lebensspendenden Quelle der Lehre, die die Menschen im Lichte Christi erkennen lässt, wer sie in Wahrheit sind, welche Würde ihnen zukommt und was ihre Bestimmung ist. Schliesslich lässt sie durch ihre Söhne (und

Concilium religiosae veritatis facem attollit, amantissimam omnium matrem se vult praebere, benignam, patientem, atque erga filios a se seiunctos misericordia ac bonitate permotam. Humano generi, tot difficultatibus laboranti, ipsa, ut olim Petrus misero illi qui ab eo stipem rogaverat, dicit: «Argentum et aurum non est mihi: quod autem habeo hoc tibi do; in nomine Iesu Christi Nazareni surge et ambula» (Act. 3,6). Scilicet nostrorum temporum hominibus Ecclesia non caducas porrigit divitias, neque beatitatem dumtaxat terrenam pollicetur; sed supernae gratiae bona impertit, quae cum homines ad filiorum

questo concilio ecumenico, la fiaccola della verità religiosa, vuol mostrarsi madre amorevole di tutti, benigna, paziente, piena di misericordia e di bontà verso i figli da lei separati. Al genere umano, oppresso da tante difficoltà, essa, come già Pietro al povero che gli chiedeva l'elemosina, dice: «Io non ho né oro né argento: ma ti do quello che ho: nel nome di Gesù Cristo nazareno levati e cammina» (At 3,6). La chiesa, cioè, agli uomini di oggi non offre ricchezze caduche, non promette una felicità solo terrena; ma partecipa ad essi i beni della grazia divina, che, elevando gli uomini alla dignità di figli di Dio, so-

Töchter) christliche Liebe überall sich voll auswirken, in dem sie die Zwietracht an der Wurzel beseitigt, Eintracht, gerechten Frieden und Geschwisterlichkeit aller Menschen fördert.

Auf der Suche nach der Einheit

[18] In ihrer Sorge für die Ausbreitung und Bewahrung der Wahrheit beruft sich die Kirche darauf, dass nach der Absicht Gottes «alle Menschen gerettet und zur Erkenntnis der Wahrheit gelangen» sollen. (1 Tim 2,4) Darum können die Menschen nur mit Hilfe der unversehrten Offenbarung eine umfassende und dauerhafte Einheit der Herzen erreichen, mit der wahrer Friede und

Dei dignitatem erigant, tam valido praesidio et adiumento sunt ad humaniorem efficiendam eorum vitam; uberioris doctrinae suae fontes aperit, qua homines luce Christi collustrati penitus intelligere valent, quid ipsi revera sint, qua dignitate excellant, quem finem prosequi debeant; per filios denique suos ubique christianae caritatis spatia dilatat, qua ad dissensionum semina evellenda nihil est aptius, et ad provehendam concordiam, iustam pacem fraternamque omnium unitatem nihil est efficacius.

Unitas in christiana et humana familia fovenda

Huiusmodi Ecclesiae sollicitudo de veritate promovenda atque tuenda, ex eo proficiscitur, quod, secundum Dei consilium, «qui omnes homines vult salvos fieri, et ad agnitionem veritatis venire» (1 Tim. 2,4), homines nonnisi integrae

no validissima tutela ed aiuto per una vita più umana; apre la fonte della sua vivificante dottrina, che permette agli uomini illuminati dalla luce di Cristo di ben comprendere quel che essi realmente sono, la loro eccelsa dignità, il loro fine; infine essa, per mezzo dei suoi figli, estende dappertutto l'ampiezza della carità cristiana, di cui nulla maggiormente giova a strappare i semi di discordia, e nulla è più efficace per fomentare la concordia, una pace giusta e l'unione fraterna di tutti.

Deve promuoversi l'unità della famiglia cristiana ed umana

[18] La sollecitudine della chiesa nel

promuovere e difendere la verità, deriva dal fatto che, secondo il disegno di Dio, «Che vuole tutti gli uomini siano salvi e giungano alla cognizione della verità (1 Tim 2,4), non possono gli uo-

ewiges Heil verbunden sind. Diese sichtbare, in der Wahrheit gegründete Einheit hat aber die christliche Gemeinschaft noch ganz und gar nicht erreicht.

[19] Die katholische Kirche sieht es als ihre Pflicht an, sich mit Nachdruck dafür einzusetzen, dass «das grosse Geheimnis» der Einheit sich voll offenbart. Um dies hat Jesus Christus am Vorabend seines Opfertodes zu seinem himmlischen Vater inständig gebetet. Die Kirche weiss, dass sie in dieses Gebet Christi einbezogen ist und ihr damit das Glück des Friedens zugesichert ist. Auch macht es sie froh, wenn sie sieht, wie dieses Gebet auch bei jenen,

revelatae doctrinae praesidio aucti, ad absolutam firmissimamque animorum unitatem pervenire possunt, quacum veri nominis pax sempiternaque salus coniungitur.

Hanc autem visibilem unitatem in veritate, nondum, pro dolor, universa christianorum familia plene perfecteque assecuta est. At Ecclesia Catholica officii sui esse ducit sedulam conferre operam ad magnum complendum mysterium illius unitatis, quam Christus Iesus, imminente sacrificio suo, a Caelesti Patre flagrantissimis rogavit precibus; atque suavissima fruitur pace, sciens se cum hisce Christi precibus arctissime esse coniunctam; quin etiam sincero animo gaudet, cum animadvertit has precationes etiam inter eos, qui extra eiusdem saepta versantur, saluta-

mini, senza l'aiuto dell'intera dottrina rivelata, raggiungere una completa e salda unità degli animi, cui è congiunta la vera pace e l'eterna salute. Purtroppo l'intera famiglia cristiana non ha ancora raggiunto appieno questa visibile unità nella verità.

[19] La chiesa cattolica stima pertanto suo dovere adoperarsi attivamente perché si compia il gran mistero di quell'unità, che Gesù Cristo ha invocato con ardente preghiera dal Padre celeste nell'imminenza del suo sacrificio. Essa gode di pace soave, ben sapendo di essere intimamente congiunta con quella preghiera; e grandemente poi si rallegra, quando vede che tale invocazione estende la sua efficacia con frutti

295 sich einzusetzen/sich anstrengen

die ausserhalb ihrer Gemeinschaft stehen, Frucht trägt und Heil bringt. Ja, wenn wir es recht bedenken, bricht sich das Licht der Einheit, um die Christus für seine Kirche gebetet hat, in drei Strahlen: die Einheit der Katholiken untereinander, die als Vorbild ungebrochen bewahrt werden muss, die Einheit mit den vom apostolischen Stuhl getrennten Christen, deren Gebet und leidenschaftliche Hoffnung darauf abzielt, dass wir wieder zusammengeführt werden, endlich die Einheit, die die noch nicht christlichen Religionen mit der katholischen Kirche in Wertschätzung und Respekt verbindet. In dieser Sicht schmerzt es, wenn wir bedenken, dass Jesus sein Blut zur Erlösung aller Menschen vergossen hat, und sehen müssen, dass der grössere Teil der Menschheit noch keinen Zugang zu den Quellen der Gnade hat, die ihnen die katholische Kirche zuleiten könnte. Und so kommen uns beim Gedanken an das Licht und die Kraft übernatürlicher Einheit, die

res atque uberiores usque multiplicare fructus. Etenim, si rem probe consideramus, haec ipsa unitas, quam Iesus Christus pro Ecclesia sua impetravit, quasi triplici supernae salutarisque lucis radio coruscare videtur, cui respondent: unitas catholicorum inter se, quae firmissima atque in exemplum praelucens servetur oportet; unitas praeterea ex piis precibus et flagrantissimis votis constans, qua christiani ab hac Apostolica Sede seiuncti expetunt ut nobiscum coniungantur; unitas denique existimatione atque observantia erga Ecclesiam Catholicam innixa, ab iis exhibita, qui diversas religionis formas adhuc non christianas profitentur.

Quam ad rem, est maxime lugen-

salutari anche fra coloro che son fuori dal suo grembo. Anzi, a ben considerare questa stessa unità, impetrata da Cristo per la sua chiesa, sembra quasi rifulgere di un triplice raggio di superna luce benefica: l'unità dei cattolici tra di loro, che deve conservarsi esemplarmente saldissima; l'unità di preghiere e di ardenti desideri, con cui i cristiani separati da questa sede apostolica aspirano ad essere uniti con noi; infine l'unità nella stima e nel rispetto verso la chiesa cattolica, da parte di coloro che seguono religioni ancora non cristiane. A questo proposito, è motivo di dolore conside-

von der katholischen Kirche her der ganzen Menschheit zugute kommt, die Worte des heiligen Cyprian in den Sinn: «Die vom Herrn erleuchtete Kirche sendet über den ganzen Erdkreis ihre Strahlen aus. Dennoch ist es nur *ein* Licht, das überallhin flutet, ohne dass die Einheit des Körpers aufgelöst wird. Ihre Zweige streckt sie in reicher Fülle aus über die ganze Erde hin, mächtig hervorströmende Bäche lässt sie immer wieder sich ergiessen. Und dennoch gibt es nur eine Quelle, nur einen Ursprung, nur eine Mutter, die mit überquellender Fruchtbarkeit gesegnet ist: aus ihrem Schoss werden wir geboren, mit ihrer Milch genährt,

dum, quod ingens adhuc humani generis pars – quamvis omnes homines qui nascuntur ipsi quoque Christi Sanguine sint redempti – nondum participet supernae gratiae fontes, qui in Ecclesia Catholica habentur. Quo fit ut de Ecclesia Catholica, cuius lux omnia illuminat et cuius supernaturalis unitatis vis in universae hominum familiae profectum redundat, apte cadant haec Sancti Cypriani praeclara praeconia: «Ecclesia Domini luce perfusa per orbem totum radios suos porrigit; unum tamen lumen est quod ubique diffunditur nec unitas corporis separatur. Ramos suos in universam terram copia ubertatis extendit, profluentes largiter rivos latius pandit: unum tamen caput est et origo una et una mater fecunditatis successibus copiosa: illius fetu nascimur, illius lacte nutrimur, spiritu eius animamur»

rare come la maggior parte del genere umano – per quanto tutti gli uomini che nascono siano stati redenti nel sangue di Cristo – non siano ancora partecipi di quelle fonti della divina grazia che si hanno nella chiesa cattolica. Perciò ben a proposito nella chiesa cattolica, la cui luce tutto illumina, e la sua forza di soprannaturale unità ridonda a vantaggio di tutta l'umanità, sovvengono le belle parole di san Cipriano: «La chiesa, circonfusa di luce divina, estende i suoi raggi per il mondo intero; è tuttavia un' unica luce, che dovunque si diffonde senza che subisca separazione l'unità del corpo. Estende i suoi rami su tutta la terra per la sua fecondità, diffonde sempre più largamente i suoi rivoli: tuttavia unico è il capo, unica l'origine, è madre unica copiosamente feconda; siamo partoriti da lei, siamo nutriti del suo latte, viviamo del suo spirito» (De

von ihrem Geist beseelt.» (Über die Einheit der kath. Kirche, 5; BKV^{2} 34, S. 136)

[20] Ehrwürdige Brüder! Dies ist die Absicht des Zweiten Vatikanischen Ökumenischen Konzils. Es vereint die besten Kräfte der katholischen Kirche im Bemühen, dass die Heilsbotschaft von den Menschen bereitwilliger angenommen wird. Dadurch bereitet und festigt es den Weg zu der Einheit der ganzen Menschheit, die ein unerlässliches Fundament ist, dass die «irdische Stadt» der «himmlischen Stadt» ähnlicher wird, «deren König die Wahrheit, deren Gesetz die Liebe und deren Umgrenzung die Ewigkeit ist» (Augustinus, Briefe 138, 3).

Schluss

[21] Ehrwürdige Brüder im Bischofsamt! Jetzt «wendet sich un-

(De Catholicae Ecclesiae unitate, 5).

Venerabiles Fratres
Hoc sibi proponit Oecumenica Synodus Vaticana Secunda; quae, dum praecipuas Ecclesiae vires in unum congregat, atque enixe studet, ut salutis nuntium ab hominibus libentius exci piatur, quasi viam sternit ac munit ad efficiendam illam humani generis unitatem, quae veluti necessarium fundamentum est, ut terrena Civitas in similitudinem componatur Civitatis caelestis, «cuius rex veritas, cuius lex caritas, cuius modus aeternitas.» (S. Augu-

Catholicae Ecclesiae unitate, 5).

[20]Venerabili fratelli. Questo si propone il concilio ecumenico Vaticano II, il quale, mentre aduna insieme le migliori energie della chiesa e si sforza di far accogliere dagli uomini più favorevolmente l'annunzio della salvezza, quasi prepara e consolida la via verso quell'unità del genere umano, che si richiede quale necessario fondamento perché la città terrestre si componga a somiglianza di quella città celeste «in cui regna la verità, è legge la carità, l'estensione è l'eternità. (Cf. Augustin.

---

333 die ein unerlässliches/wie ein unerlässliches

sere Stimme an euch» (2 Kor 6,11). Wir sind hier in der Vatikanischen Basilika versammelt, einem Brennpunkt der Kirchengeschichte, wo Himmel und Erde jetzt eng miteinander verbunden sind, am Grab des heiligen Petrus, an den Grabmälern sehr vieler unserer Vorgänger, deren sterbliche Überreste sich in dieser feierlichen Stunde sozusagen in lautlosem Jubel mitfreuen. Mit Beginn dieses Konzils bricht in der Kirche ein strahlender, glückverheissender Tag an. Noch herrscht die Morgendämmerung, und schon fühlen wir uns bei den ersten Zeichen des anbrechenden Tages wohl. Alles atmet Heiligkeit, alles weckt Freude. Und da sollten wir auch die Sterne sehen, die mit ihrem Glanz dieses Gotteshaus erfüllen. Nach dem Zeugnis des Apostels Johannes seid ihr diese

tinus, Ep. CXXXVIII, 3)

Conclusio

Nunc autem «os nostrum patet ad vos» (2 Cor. 6,11), Venerabiles in Episcopatu Fratres. Ecce nos iam in unum congregatos in hac Vaticana Basilica, ubi Ecclesiae historiae cardo vertitur, ubi nunc Caelum et terra artissimo coniunguntur foedere; hic ad Sancti Petri sepulcrum, ad tot Sanctorum Decessorum Nostrorum tumulos, quorum cineres hac sollemni hora quasi arcano quodam fremitu exsultare videntur.

Quod incohatur Concilium, veluti dies in Ecclesia oritur splendidissima luce refulgens. Tantum aurora est; et iam primi orientis solis radii quam suaviter animos afficiunt nostros! Omnia

Epist. CXXXVIII, 3)

Conclusione

[21] Ora «la nostra voce si rivolge a voi» (2 Cor 6,11), venerabili fratelli nell'episcopato. Eccoci ormai insieme radunati in questa basilica vaticana, ove si volge il cardine della storia della chiesa: ove il cielo e la terra sono ora strettamente congiunti, qui presso il sepolcro di Pietro, presso tante tombe dei nostri santi predecessori, le cui ceneri in quest'ora solenne sembrano esultare di un fremito arcano. Il concilio che inizia, sorge nella chiesa come un giorno foriero di luce splendidissima. Ora è appena l'aurora: e già il primo annunzio del giorno sorgente, di quanta soavità riempie il nostro cuore!

Sterne. (Offb 1,20) Und mit euch sehen wir die goldenen Leuchter rings um das Grab des Apostelfürsten, nämlich die euch anvertrauten Kirchen. Zusammen mit euch sehen wir Persönlichkeiten von Rang und Namen in einer Haltung tiefen Respekts und erwartungsvoller Sympathie anwesend. Sie sind aus fünf Kontinenten nach Rom gekommen, um die Völker und Staaten zu vertreten.

[22] So kann man wirklich sagen, dass zur Feier des Konzils sich Himmel und Erde vereinen: die Heiligen des Himmels, um unsere Arbeit zu schützen; die Gläubigen auf der Erde, um ohne Unterlass zu Gott zu beten; und schliesslich ihr, um auf die Inspiration

hic sanctitatem spirant, laetitiam excitant. Contemplamur enim stellas claritate sua maiestatem huius templi adaugere, quae, teste Ioanne Apostolo, vos estis; et per vos quasi aurea lucere candelabra circa Principis Apostolorum sepulcrum, quae sunt Ecclesiae vobis concreditae. Simul cernimus viros dignitate amplissimos, qui e quinque continentibus terris Romam convenerunt, suarum Nationum personam acturi, quique omni cum reverentia atque humanissima cum exspectatione hic adsunt.

Quare plane dicendum est, Caelites et homines ad celebrandum Concilium consociatam conferre operam. Beatorum Caelitum partes hae sunt, ut labores tueantur nostros; christifidelium, ut

Tutto qui spira santità, tutto suscita esultanza. Contempliamo infatti le stelle, che con la loro chiarità aumentano la maestà di questo tempio; quelle stelle, secondo la testimonianza dell'apostolo Giovanni (Ap 1,20), siete voi; e con voi vediamo splendere gli aurei candelabri intorno al sepolcro del Principe degli apostoli, cioè le chiese a voi affidate (ivi). Vediamo con voi le degnissime personalità, qui presenti in atteggiamento di grande rispetto e di cordiale aspettazione, convenute a Roma dai cinque continenti, per rappresentare le nazioni del mondo.

[22] Si può dire che il cielo e la terra si uniscono nella celebrazione del concilio: i santi del cielo, per proteggere il nostro lavoro; i fedeli della terra, continuando a pregare il Signore; e voi, assecondando le ispirazioni dello Spirito

durch Gottes Geist zu hören, auf dass die gemeinsame Arbeit den heutigen Erwartungen und Bedürfnissen all der Völker entspreche. Das fordert von euch Gelassenheit in der Bereitschaft, brüderliche Eintracht, rechtes Mass in den eingebrachten Vorschlägen, Fairness in den Debatten und Klugheit in den Entscheidungen. Mögen eure Anstrengungen und eure Arbeit, auf die sich die Aufmerksamkeit vieler Völker und ausserdem die Hoffnung der ganzen Welt richtet, die Erwartungen aller in möglichst grossem Masse erfüllen.

[23] Allmächtiger Gott! Auf dich setzen wir unsere Zuversicht, da wir uns nicht auf unsere eigenen Kräfte verlassen können. Schau gnädig auf die hier anwesenden Hirten deiner Kirche. Das Licht deiner übernatürlichen Gnade helfe uns, rechte Entscheidungen zu fällen und weise Gesetze zu erlassen. Und erhöre gnädig unsere Gebete, die wir im gemeinsamen Glauben mit einmüti-

flagrantes preces ad Deum fundere pergant; vestrum omnium, ut supernis Spiritus Sancti impulsionibus prompte obsecuti, alacriter detis operam, ut labores vestri variarum gentium optatis ac necessitatibus apprime respondeant. Haec ut contingant, a vobis postulantur serena animorum pax, fraterna concordia, coeptorum temperantia, disceptationum dignitas, deliberationum omnium sapientia.

Utinam studia atque opera vestra, in quae non tantum populorum oculi sed spes quoque universi orbis sunt conversae, exspectationem cumulate expleant.

Omnipotens Deus, in Te, nostris dif-

Santo, per far sì che il comune lavoro corrisponda alle odierne attese e necessità dei diversi popoli. Questo richiede da voi serenità di animo, concordia fraterna, moderazione di progetti, dignità di discussioni, e saggezza di deliberazioni. Voglia il cielo che le vostre fatiche e il vostro lavoro, a cui si volgono non solo gli occhi di tutti i popoli, ma anche le speranze del mondo intero, compiano abbondantemente le comuni aspirazioni.

[23] «Dio onnipotente, in te ripo-

gem Sinn und mit einer Stimme vor dich bringen.

Maria, Zuflucht der Christen, Zuflucht der Bischöfe! In einem Heiligtum von Loreto haben wir vor kurzem Deine besondere Zuneigung uns gegenüber erfahren. Wir haben dort das Geheimnis der Menschwerdung verehrt. Führe alles zu einem guten Ende. Zusammen mit dem heiligen Joseph, deinem Bräutigam, den heiligen Aposteln Petrus und Paulus, dem heiligen Johannes dem Täufer und dem heiligen Evangelisten Johannes bitte für uns bei Gott.

Jesus Christus, unserem Erlöser und Heiland, dem unsterb-

fisi viribus, fiduciam totam reponimus. Super hos Ecclesiae tuae Pastores benignus respice. Supernae tuae gratiae lumen Nobis adsit consilium capientibus, adsit leges ferentibus; et quas una Fide, uno ore, uno animo ad Te preces fundimus, libenter exaudi.

O Maria, Auxilium Christianorum, Auxilium Episcoporum, cuius amorem nuper in Lauretano templo tuo, ubi Incarnationis mysterium venerari placuit, peculiari modo experti sumus, omnia ad laetum, faustum, prosperum exitum tua ope dispone; tuque una cum Sancto Ioseph Sponso tuo, cum Sanctis Petro et Paulo Apostolis, Sanctis Ioanne Baptista et Evangelista, apud Deum intercede pro nobis.

Iesu Christo, Redemptori nostro

niamo tutta la nostra fiducia, diffidando delle nostre forze. Guarda benigno a questi pastori della tua chiesa. La luce della tua grazia superna ci aiuti nel prendere le decisioni, come nel fare le leggi; e pienamente esaudisci le preghiere che a te effondiamo con unanimità di fede, di voce e di animo».

«O Maria, aiuto dei cristiani, aiuto dei vescovi, del cui amore noi abbiamo recentemente avuto particolare prova nel tuo tempio di Loreto, ove ci piacque venerare il mistero dell'incarnazione, disponi ogni cosa a esito felice e propizio, e, insieme col tuo sposo san Giuseppe, coi santi apostoli Pietro e Paolo, coi santi Giovanni Battista ed Evangelista, per noi intercedi presso Dio». A Gesù Cristo, amabilissimo redentore

lichen König der Völker und der Zeiten, sei Liebe, Macht und Herrlichkeit in Ewigkeit. Amen.

amantissimo, Regi immortali populorum et temporum, amor, potestas et gloria in saecula saeculorum. Amen.

nostro, re immortale dei popoli e del tempo, sia l'onore, il potere e la gloria nei secoli dei secoli. Così sia.

Anhang

Bei den Roncallis

In Rom sah und hörte ich ihn aus der Nähe bei der Eröffnung des Konzils, in Rom besuchte ich sein Grab, und in Rom fand ich ihn wieder «lebend» an den «Türen des Todes», dem Werk des Bildhauers Manzù. Jetzt aber, fünfzehn Jahre nach seinem Sterben, zieht es mich erstmals in seine Heimat: Lässt sich dort noch etwas vom Echten und Ursprünglichen erhaschen, das diesen Papst Johannes XXIII. den Menschen Angelo Roncalli sein liess? Ein Treffen in der Lombardei, die freundliche Einladung eines Bergamaskers und schliesslich der Überlandbus Bergamo-Lecco bringen mich an der Pfingstvigil nach Sotto il Monte.

Mit einem Gruss als Empfehlung an die Papstnichte Enrica in der Tasche, läute ich an jenem Hof, der zunächst dem allen Pilgern zugänglichen «Geburtshaus» liegt. Die Erfragte ist in die Stadt gefahren, ihre Rückkehr verzögert sich, und das verschafft mir eine Reihe unverhoffter Begegnungen.

Zuerst mit Giuseppe: Ihn, den einzigen heute noch lebenden Bruder des verstorbenen Papstes, finde ich in einem anderen Dorfteil, wie er gerade aus dem Stall tritt. Der 84jährige ist von kleinem Wuchs und wirkt noch sehr beweglich. Über der typischen Roncalli-Nase blitzen zwei lebendige Augen. Er führt mich in die bescheidene Stube, wo ein kleines Fernsehgerät läuft: Die Messe im Lateran für Aldo Moro. Giuseppes bündiger Kommentar zum Tagesgeschehen: «Die Leute sind zu reich geworden, und jetzt, mit dem Geld, ist der Stolz gekommen.» «Ihr Roncallis aber wart arm?» beginne ich zu fragen. «Arm schon, aber hungern mussten wir nie; wir hatten immer unsere Polenta, dazu ein wenig

Gemüse und auch ein rechtes Glas Wein.» Nichts ist gekünstelt an diesem Mann. Er nimmt die Dinge, wie sie sind und auch wie sie sich ändern. Was aber ist ihm von seinem Bruder haften geblieben, vielleicht ein besonderes Wort? «Immer Gutes tun, nie dem Nächsten Böses tun.» «Das», so fügt Giuseppe hinzu, «ist das Gesetz Gottes.»

Zurück im «Geburtshaus» finde ich einen ähnlichen Satz in einem dort ausgestellten Brief, der von Sofia aus vom damals zum Nuntius und Erzbischof Berufenen an die Eltern gerichtet war. Auf einen kurzen Nenner gebracht, lautet sein Inhalt: Das Beste, was ich besitze, habt *Ihr* mir bis zu meinem zehnten Lebensjahr beigebracht; haltet darum alle daran fest!

Bei Sonnenuntergang folge ich einem – «seinem» – Feldsträsschen. Es führt zur Kapelle der Caneve, wo er jeweils in den Ferien, zuletzt am Tag, bevor er ins Konklave zog, die Messe las. Drunten auf dem Parkplatz sind inzwischen die letzten Pilgerbusse abgefahren. Stille hat sich auf das Dorf gelegt. Jetzt ist es die Landschaft, die zu sprechen beginnt. Und jetzt auf diesem Weg den Rosenkranz zu beten, heisst den Einklang mit ihr und Papst Johannes finden...

Beim Zunachten nähere ich mich wieder dem ersten Hof. Von der dritten Generation der Roncallis – es gibt weit über hundert Grossneffen und -nichten des Papstes – fährt einer auf dem Traktor ins Freie hinaus, ein zweiter, Angelo, der den Namen des Grossonkels trägt, führt durch die Gitterstäbe des Tors einen fröhlichen Schwatz mit mir. Zwanzigjährig, arbeitet er tagsüber als Maschinenschlosser. Aber der Abend gehört der Landarbeit, die auch noch die meisten der neun Geschwister ernähren muss. Sie wachsen auf zwischen Mais und Gerste, Hafer und Heu und zwischen den Reben, wie eh und je, seit hier die Roncallis, bei der Geburt des Papstes noch Pächter, den Boden bebauen.

Endlich ist es soweit. Enrica ist heimgekommen. Sie führt mich ins Hinterhaus, wo mit ihr und der Mutter ein geistlicher Bruder wohnt: Don Battista. Wenn einer «Papstnepot» hätte werden können, so er. Aber Johannes XXIII. sagte es ihm schon am Tag nach der Wahl: «In Rom hast du nichts verloren. Geh heim zu den Deinen.» Battista wäre dem Titel nach Kanonikus von Bergamo. Aber ihm genügt es, als Religionslehrer zu wirken. In seinem Onkel sieht er weniger den *Papa buono*, wie alle sagen, sondern den Papst des Glaubens, und zwar eines Glaubens in die Vorsehung, der sich in langen Jahren der Armut bewährt hat. Battista hat einst den Onkel Nuntius in Paris besucht und sich gewundert, wie er in der Welt der Diplomaten aufrichtig und er selber bleiben konnte. «Indem ich immer die Wahrheit sage, obwohl die anderen das Gegenteil vermuten», lautete damals die Antwort. Doch den tieferen Grund erfuhr Battista in einem Brief, in welchem ihm der Onkel schrieb, was ihm die Art und Weise eingebe, mit den Menschen umzugehen, auch und gerade im Kontakt mit den sogenannten Grossen dieser Welt: «Wenn ich mit ihnen verhandle, denke ich immer an die Einfachheit unserer Felder, unserer Familien...»

Diesen Feldern und diesen Familien galt mein kurzer Besuch. Ich weiss jetzt, dass dort keine «Papstdynastie» weiterlebt, wohl aber – allen aufdringlichen Spuren anderer in Beton usw. zum Trotz – jene erdverbundene Spur des Evangeliums der Armen, das uns Papst Johannes neu entdeckt hat.

Erstveröffentlichung
L. Kaufmann, in: Orientierung 42 (1978), S. 109.

Lebend an den Türen des Todes

Taumelnd aus dem Nirgendwo – der Tod im Weltraum –, auf einem Stuhl zurückkippend – der Tod auf der Erde –, aufgehängt mit dem Kopf nach unten – der Tod durch Gewalt –: so stirbt der Mensch, und nicht anders sterben der von Kain zusammengeschlagene Abel, der vom Stein getroffene Stephanus, der in die Verbannung gezwungene Gregor VII. und der in seinem Alter am dürren Wanderstab einsinkende heilige Joseph. Menschen sind sie alle, im Tod treten sie ins Glied, denn jedem ist es gesetzt zu sterben. Sie bedürfen deshalb keiner Inschrift, keines Namens.

So hat es der Schöpfer der über sieben Meter hohen zweiflügligen Bronzetüre gewollt, vor der ich stehe, die äusserste Türe links in der Vorhalle von Sankt Peter in Rom, durch welche man seit alters die toten Kardinäle trägt und die deshalb *porta della morte*, Pforte des Todes heisst. Fünfhundert Jahre nach dem bereits in der Frührenaissance erstellten Mitteltor von Filarete und dreihundert Jahre nach dem Tod Michelangelos ist hier dank testamentarischer Verfügung eines deutschen Aristokraten und allen Widerständen aus dem Vatikan zum Trotz wieder ein unbeugsam seinem Genius folgender Bildhauer zum Zug gekommen. Eine kleine Hand zeigt in der Innenfläche seinen Namenszug *Manzù*, und drei Ziffern unter dem sterbenden alten Mann, in dem man den heiligen Joseph sieht, weisen auf die Zeit der Vollendung: 3 VI 63.

An diesem Tag erlosch das Leben von Papst Johannes XXIII. Giacomo Manzù war Zeuge dieses schmerzlichen Zerfalls gewesen: derselbe Manzù, der im Frühjahr 1960 erstmals zu seinem bergamaskischen Landsmann im vatikanischen Palast gerufen worden war, um eine Büste von ihm zu machen. Mittelsperson war ein ihm und seiner Gefährtin Inge in einzigartiger Freundschaft verbundener Priester und Gelehrter, Don Giuseppe De Luca, gewesen, und einen solchen Vermittler hatte es gebraucht, da Manzù noch nicht über die Kränkungen, Anklagen und Verurteilungen hinweg war, die ihm während des vorausgehenden Pontifikats aus dem Vatikan widerfahren waren. Die nackte Darstellung eines «Christus als Mensch» auf in Rom ausgestellten Reliefs hatte ihm eine Verurteilung des Heiligen Offiziums zugezogen, und nur unter dem Druck der öffentlichen Meinung war er nach dem internationalen Wettbewerb durch die künstlerisch völlig unzuständige Kommission mit einer der Türen von St. Peter beauftragt worden. Mit dem Auftrag und den Auftraggebern innerlich zerstritten, ja je länger desto weiter von ihnen entfernt, zerrann ihm die Arbeit unter den Händen, wurde ihm zum Alptraum und Gespenst, vor dem er flüchtete.

Einen neuen Zugang fand er erst auf dem Umweg über den dritten Stock im Vatikan und über den engen Lift, der hinauf zum vierten, zu den Privaträumen des Papstes führt; denn hier begegnete er einem Menschen: einem Menschen des Glaubens, dessen Glaube aber keine Schranke gegenüber ihm, dem vermeintlich Ungläubigen, war, einem Menschen, der «nichts von Kunst», aber dafür ihn, den Künstler, und die Erfordernisse eines wirklich freien, schöpferischen Schaffens verstand. Die Begegnung erfolgte zunächst im Dreieck, insofern Papst Johannes sich während der Sitzungen für die Büste meist mit Don Luca unterhielt. Aber schon beim erstenmal im Lift, der nur für zwei Personen Platz bot, und darnach im Schlafgemach vor den Familienfotos war er, Manzù, mit dem Papst allein gewesen, allein vor dem Bett, von dem der Papst wusste, dass er darin sterben werde. Als dann zwei Jahre später der gemeinsame Freund ihnen beiden vorausgestorben war und Manzù sich erneut von Alpträumen und Gespenstern verfolgt sah, war es das sanfte Wort des Papstes, das ihn umwandelte: «So sind wir nun eben zwei...», und das andere: «Tränen können sich in Perlen verwandeln.» Manzù darauf: «Ich sehe nur Tränen» – Giovanni: «Das andere wird kommen.» – «Wie *Santità*?» – «Auch das werden Sie sehen. Vielleicht auf Ihren Türen.»

Das ist nur ein Beispiel, wie Johannes den Künstler immer wieder zu dem grossen Werk zurückführte. In jenem Augenblick nahm sich Manzù ein Herz und bat: «*Santità*, Don Giuseppe war mir eine so grosse Hilfe bei den Türen, dass er jetzt ein Teil von ihnen ist. Mein Gefühl sagt mir, ich müsste sie ihm widmen.» – «Ja, wenn Sie es so empfinden, sollten Sie es tun.»

Tatsächlich war es Don Luca gewesen, der ihn, Manzù, gegen die *Monsignori* und die *Signori Cardinali* von der «Kommission» verteidigte, die immer wieder störend und mit allerhand linkischen Zumutungen in sein Atelier kamen. Ihm verdankte er es auch, dass er, entgegen dem ursprünglichen Auftrag, in den beiden grossen oberen Feldern Christus und Maria aus dem Himmel auf die Erde herabholen und auch sie in der Stunde ihres Todes darstellen konnte, um gerade so das Leben zu zeigen, das entschwindet. Denn «dass es ein göttliches Geschenk ist, offenbart sich nie deutlicher, als wenn es dem Menschen genommen wird, sei es durch Gewalt, Grausamkeit, Gier oder irgendeines der naturgegebenen Übel», die man nun auf den unteren Feldern sehen kann.

Den Entschluss dazu hatte Manzù gefasst, als ihn Inge ans Meer gefahren und ihn dann allein gelassen hatte. Er fasste ihn im geistigen Zwiegespräch mit Papst Johannes, mit dem er gleichentags beim Versuch zu einer neuen Büste offen über die Trennungswand zwischen den heutigen Künstlern und der Kirche gesprochen hatte. Das Gespräch endete wie folgt:

Manzù: «Verzeihung, *Santità*, ich wollte sagen, dass die zwei Zoll Phantasie, die der Mensch in sich trägt, niemandem dienstbar sind – keinem Herrscher, keiner weltlichen oder geistlichen Macht. Damit meine ich jedoch nicht, dass sie ein Zweck an sich seien, sondern dass sie über sich hinausreichen müssen, zum Wohle aller, und dass jede Muse an ihrem Platz bleiben und ihre eigene Sprache sprechen soll.»

Der Papst: «Dann glaube ich, ist es besser, Sie beenden die Türen für St. Peter sogleich, solange die Musen an ihrem Platz sind. Danach wollen wir dann sehen, was Unser Herr dazu sagt.»

Und so kam es dazu, dass Manzù ein Versprechen gab, dem er nicht mehr entfliehen konnte:

Papst Johannes: «Beenden Sie die Türen für mich, können Sie das tun?»

Manzù: «*Si, Santità*, ich will es tun.»

Dies also ist die Geschichte der Türen, die zugleich eine Geschichte der Freundschaft mit dem Papst[1] ist. Ghiberti hat (für das Baptisterium in Florenz) die Paradiesespforten geschaffen, Rodin sein Höllentor. Manzù kündet mit seinen Türen vor St. Peter von der Schönheit des Lebens, indem er, wie mit einem grossen Schrei, den Protest gegen den Tod ausruft.

Der Protest gilt allen zerstörerischen Formen dieses Todes, den Manzù seit seiner armen Jugend kennt, da er während einer Grippeepidemie die nackten Leichen in seinem Karren auf den Friedhof schaffte. Er hat ihn zuletzt wieder aus nächster Nähe erlebt an dem Gesicht des Papstes, das ihn bei der ersten Sitzung ob seiner ungemeinen Wandlungsfähigkeit überwältigte, das ihm zum Gebirge wurde, an dem er beinahe abstürzte, und von dem er an jenem Pfingstmontag, dem 3. Juni 1963, die Totenmaske abzunehmen hatte, die widerlichste Arbeit, die ihm je zuteil geworden ist. Von dem grässlichen Durst, den er darnach empfand, erholte er sich durch einen Kognac; den Abschied von seinem päpstlichen Freund aber beging er nicht mit den seit drei Tagen ausharrenden Menschenmassen auf dem Petersplatz, sondern in seinem Atelier. Dort wartete noch ein halbfertiges Feld auf die Vollendung: Der «Tod im Wasser», der einen Ertrinkenden zeigte. Manzù schob es beiseite und begann aus frischem Ton mit einem Messer die Gestalt von Johannes zu umreissen. «Es ging ihm gut und rasch von der Hand, die grossen Falten des Mantels liefen in einer Linie zu den gefalteten Händen und dem edlen, betend geneigten Haupt empor. Johannes trug das einfache Käppchen; die schwere päpst-

[1] «Freundschaft mit dem Papst». Nach den persönlichen Erinnerungen von Giacomo Manzù an Johannes XXIII., erzählt von Curtis Bill Pepper. Aus dem Amerikanischen von Erda Erdmann. Mit 36 Tafelseiten und 18 Skizzen des Künstlers, Frankfurt a. M. 1969.

liche Tiara war in der Ecke rechts oben aufgehängt. Es war Johannes in der Fülle des Lebens. Um auch sein Sterben zu zeigen, grub er das Datum seines Todes auf dem Feld des heiligen Joseph ein, der, von Alter und Mühsalen erschöpft, am Weg verschei-det... und dann brachte er oben an dem abgenutzten Wanderstab Blumen an, Blüten der ewigen Kraft und Liebe des Menschen.»

So findet der Beschauer heute an den Türen unter lauter Sterbenden den lebenden Giovanni. Die *grande festa*, die dieser seinem Freund für den Tag der Aufrichtung versprochen hatte, blieb allerdings aus: Die Einweihung durch den Nachfolger fand hinter einem Vorhang, unter Ausschluss der Öffentlichkeit, nur mit ein paar Hofbeamten und deutschen Diplomaten statt. Nicht einmal Inge durfte dabei sein, denn Frauen waren ausdrücklich ausgeschlossen.

Auch Don Giuseppe Luca fehlte, da er das Tor, das uns alle erwartet, schon durchschritten hatte. Sein Name aber steht auf der Rückseite der Türen, sozusagen wie der versteckte Schlüssel, der uns die innere Geschichte dieses Kunstwerks aufschliesst. Sein Name steht noch anderswo auf einer Rückseite, und hier gibt er uns den Schlüssel zur inneren Geschichte von Papst Johannes: De Luca war es, der zwei Jahre vor der Eröffnungsansprache des Konzils, das er nicht mehr erleben sollte, eine frühe Skizze für das künftige Kirchenbild des Papstes, ein Dokument seines Zeit- und Geschichtsverständnisses, entdeckte und neu herausgab. Es bezeugt schon im jungen Angelo Roncalli die Gabe, die Zeichen der Zeit zu deuten. Es handelt sich um Roncallis «Antrittsvorlesung» als Kirchengeschichtler im Priesterseminar von Bergamo auf dem Höhepunkt der Modernismuskrise 1907, ein Festvortrag zum 300. Todestag des Kardinals Baronius.[2] De Luca gab ihn 1961 heraus, schrieb ein brillantes Vorwort dazu und legte zugleich mit einer ersten Briefsammlung den Grundstein zur Erforschung der geistigen Quellen und wirklichen «Substanz» von Papst Johannes,

[2] Angelo Roncalli, Baronius, deutsch im Johannes-Verlag, Einsiedeln 1963.

die dann einem Kardinal Lercaro[3] und nach ihm, in unserem Raum, Franz M. Willam[4] so am Herzen lag. Dass De Luca von seinen Entdeckungen auch zu seinem Freund Manzù sprach, ist möglich und wahrscheinlich, aber wir wissen nichts darüber. Für die Augen und die Hände des Künstlers bedurfte es dieses literarischen Zugangs wohl nicht. Wer aber in die Sprache seiner Türen eindringt, dem mögen diese vielleicht einen neuen, noch tiefer zum Wesen von Papst Johannes vordringenden Weg eröffnen.

Seitdem sie nun also aufgestellt sind, strömen hier Tag für Tag Hunderte von Menschen vorbei. Als ich selber das erstemal vor den Türen stand, näherte sich ein junges Mädchen. Es berührte streichelnd das Bild des betenden Papstes und gab ihm ein Kusshändchen. Nochmals hinsehend entdeckte ich oben im Feld drei Worte. Haben die Türen also doch noch eine Inschrift erhalten? Oder hat Manzù hier die Bitte des sterbenden Don Luca erfüllt, gegen die damals sein ehrlicher Einwand «Das kann ich ja nicht» aufbegehrte? Es war die Bitte, zu beten. Die drei Worte sind sehr wohl ein Gebetswunsch. Sie lauten: *Pacem in terris*.

Erstveröffentlichung
L. Kaufmann, in: Orientierung 37 (1973), S. 113–114.

[3] Vgl. Orientierung 29 (1965), S. 120ff. Ferner: Kardinal Lercaro, Johannes XXIII. Entwurf eines neuen Bildes, Freiburg 1967.

[4] Franz M. Willam, Vom jungen Angelo Roncalli (1903–1907) zum Papst Johannes XXIII. (1958–1963), Innsbruck 1967.